Sandra Maß

Zukünftige Vergangenheiten: Geschichte schreiben im Anthropozän

HISTORISCHE GEISTESWISSENSCHAFTEN

Frankfurter Vorträge

Herausgegeben von
Eva Geulen, Julika Griem und Bernhard Jussen

Band 15

Forschungszentrum
Historische Geisteswissenschaften Frankfurt

Kulturwissenschaftliches Institut Essen

Leibniz-Zentrum für
Literatur- und Kulturforschung Berlin

Sandra Maß

Zukünftige Vergangenheiten: Geschichte schreiben im Anthropozän

WALLSTEIN VERLAG

Das Projekt wurde von der VolkswagenStiftung in der Förderlinie »Originalitätsverdacht?« im Jahr 2021/22 gefördert.

Bibliografische Information der Deutschen Nationalbibliothek
Die Deutsche Nationalbibliothek verzeichnet diese Publikation in der Deutschen Nationalbibliografie; detaillierte bibliografische Daten sind im Internet über http://dnb.d-nb.de abrufbar.

www.wallstein-verlag.de
Vom Verlag gesetzt aus der Stempel Garamond und der Frutiger
Umschlaggestaltung: Susanne Gerhards, Düsseldorf
Druck und Verarbeitung: Friedrich Pustet, Regensburg
ISBN 978-3-8353-5663-4

Inhalt

In memoriam:
Gisela Maß (1942–2020) und Karl-Heinz Maß (1942–2023)
Regina Schulte (1949–2024)

Auf einem dieser Spaziergänge geschah es, dass ich zum Dichter wurde: Am Straßenrand stand ein Auto, das der Frost vielleicht unsichtbar machen wollte, denn es schien in ein weißes, dünnes Seidenpapier verpackt. Auch der Himmel, der zwischen den Dächern baumelte, war weiß. Als ich das Auto beinah erreicht hatte, sah ich, dass der Finger eines Kindes es mit Buchstaben, mit einem Wort zurückholen wollte aus dem Versteck, es zugleich verwandelte, ihm seine Bedeutung als Auto, die durch die weiße Verkleidung schon in Frage gestellt war, noch einmal und mit Nachdruck wegnahm. Auf der Kühlerhaube stand etwas geschrieben, ein Wort, das mein Interesse weckte; nahe vorbeigehend, entzifferte ich: ZORN.

Adelheid Duvanel, Der Dichter,
in: dies., Fern von hier. Sämtliche Erzählungen,
Zürich [3]2021, S. 9

1. Zukünftige Vergangenheiten

Am 28. Februar 2022, vier Tage nach dem russischen Angriff auf die Ukraine, veröffentlichte der Weltklimarat (IPCC) seinen neuen Bericht »Impacts, Adaptions and Vulnerability«. Darin werden die nachteiligen Auswirkungen des Klimawandels detailliert geschildert. Schon zum Zeitpunkt der Veröffentlichung sind die Folgen teilweise dramatisch: Hunger breitet sich aus, das Arten- und Waldsterben schreitet rasant voran, Extremereignisse verschärfen soziale Ungleichheiten, Migrationsbewegungen von Menschen, Pflanzen und Tieren nehmen zu. Besonders betroffen sind derzeit die vulnerablen Regionen in Subsahara-Afrika, Südasien, Mittel- und Südamerika, die Inselstaaten im Pazifik und die Arktis. Die natürliche Anpassungsfähigkeit aller Lebewesen ist bereits heute global stark gefordert. Steigt die Temperatur im Vergleich zur vorindustriellen Zeit weiter an, stößt diese Adaptabilität an ihre Grenzen.

Das Zeitfenster, um diese Entwicklung aufzuhalten, schlösse sich sehr schnell, so der Weltklimarat. Der Bericht interpretiert die Zusammenhänge zwischen den Auswirkungen des Temperaturanstiegs und den sozialen Folgen für die betroffenen Menschen als lebens- und sicherheitsbedrohende Risiken.[1] Einen Tag später, am 1. März 2022, stellte UN-Generalsekretär António Guterres einen Zusammenhang zwischen dem Klimawandel, der Abhängigkeit von fossilen Brennstoffen und der daraus resultierenden geopolitischen Krise her: »As current events make all too clear, our reliance on fossil fuels makes the global economy & our energy security vulnerable to geopolitical crises. Instead of slowing down decarbonization, now is the time to accelerate the transition to a renewable energy future.«[2] Die vielfältigen planetaren Herausforderungen, die der Bericht des IPCC 2022 auflistete, verdichteten sich in diesen Tagen auf das Ende des fossilen Kapitalismus und den Ausbau der erneuerbaren Energien. Währenddessen überschlugen sich im Sommer 2022 die negativen Klimaereignisse: China erlebte die größte jemals verzeichnete Dürre weltweit. Die Energieversorgung durch Wasserkraft war nicht mehr gewährleistet, die Ernteausfälle waren massiv, die Tages- und Nachttemperaturen erreichten Rekordhöhen. Auch in Europa, am Horn von Afrika sowie in den USA und Mexiko war die Dürre dramatisch. Die Waldbrände in Europa hatten bereits im August größte Ausmaße erreicht. Gleichzeitig wurde Pakistan im August von der größten jemals gemessenen Flutwelle zu Beginn der Monsunzeit heimgesucht, 1700 Menschen kamen dabei ums Leben. Nach Schätzungen der pakistanischen Regierung waren rund 33 Millionen Menschen von Überschwemmungen betrof-

1 IPCC: Climate Change.
2 Guterres: Tweet vom 1.3.2022.

fen. Die Unwetter auf den Philippinen, in Südkorea, in Südafrika, in Kentucky, in Australien, Afghanistan und in Österreich, Frankreich und Italien haben viele Tote gefordert und Häuser zerstört.

Die von der UN und verschiedenen Wissenschaften erarbeiteten Zukunftsszenarien unterscheiden sich in Bezug auf den realistischerweise angenommenen Anstieg der durchschnittlichen Erdtemperatur in den kommenden Jahren. Alle Szenarien, auch jene, die sich auf das im Pariser Abkommen von 2015 vereinbarte Ziel beziehen, den Temperaturanstieg auf 1,5 Grad Celsius zu begrenzen, gehen von einem engen Zusammenhang zwischen Natur- und Menschheitsentwicklung aus. Die Veränderungen der natürlichen Lebensbedingungen auf dem Planeten werden die Geschicke der Menschheit lenken und zunehmend begrenzen. Alle Szenarien machen deutlich, dass das Ausmaß dieser Abhängigkeiten weiter zunehmen wird, wenn es nicht gelingt, den Klimawandel zu verlangsamen, um die damit verbundenen katastrophalen Folgen zu vermindern. Das alles müsste die Geschichtswissenschaft nicht interessieren, betrifft ihr Kerngeschäft doch die Vergangenheit. Andersherum aber lässt sich durchaus fragen, ob die Geschichtswissenschaft zukünftig den absehbaren Herausforderungen fachlich, methodisch und theoretisch gewachsen sein wird, ob das Geschichtsstudium in seiner jetzigen Form eine ›klimakompetente‹ Ausbildung von Geschichtslehrerinnen gewährleistet und ob die akademischen Institutionen – die Universitäten mit ihrem epochal oder regional spezialisierten Professurensystem ebenso wie die außeruniversitären Forschungseinrichtungen – den Anforderungen und Fragestellungen gerecht werden können, die ein von Klimawandel und Anthropozän geprägter Planet evozieren wird.

Welche Vergangenheiten können zukünftige Historikerinnen beschreiben? Naomi Oreskes und Erik M. Conway haben einen Versuch unternommen: In ihrer Wissenschaftsfiktion »The Collapse of Western Civilization« lassen sie einen chinesischen Historiker im Jahr 2393 – 300 Jahre nach dem Großen Zusammenbruch, der von Massenmigration, Hungersnöten, Landverlusten und politischen Unruhen geprägt war – von den Ereignissen erzählen, die in den beiden vorangegangenen Dezennien zum Großen Zusammenbruch geführt haben.[3] Das Kernproblem ihres imaginierten Historikers ist die Diskrepanz zwischen dem Wissen der westlichen Zivilisation und ihrem Verhalten: »To the historian studying this tragic period of human history, the most astounding fact is that the victims knew what was happening and why.«[4] Das Wissen über die anthropogen verursachten Schäden habe sich nicht in entsprechenden Veränderungen und Schutzmaßnahmen niedergeschlagen. Die »Kinder der Aufklärung« seien in ein »Zeitalter des Halbschattens« eingetreten. Die Wissenschaften hätten sich seit dem Ende des 19. Jahrhunderts ausdifferenzierten Teilbereichen zugewandt und dabei das Ganze aus den Augen verloren. Der chinesische Historiker rekonstruiert, dass auch das IPCC und die Earth Scientists nur Teilanalysen vorlegen konnten: »These so-called holistic approaches still focused almost entirely on natural systems, omitting from consideration the social components.«[5]

3 Oreskes/Conway: Collapse. Ein ähnliches Schreibexperiment ist Zalasiewicz: Earth. Das Genre selbst – eine zukünftige Vergangenheit literarisch zu verarbeiten – ist nicht neu. Edward Bellamy veröffentlichte im Jahr 1888 den Bestseller »Looking backward 2000 to 1887«. Alfred Franklin publizierte »Les ruines de Paris en 4875« im Jahr 1875. Vgl. dazu: Hölscher: Future Pasts, S. 900; auch als Inspiration für den Titel dieses Buches.

4 Oreskes/Conway: Collapse, S. 35.

5 Ebd., S. 15. Diese Kritik von 2014 lässt sich auf den IPCC-Report von 2022 nicht mehr anwenden. Gerettet wird der Planet bei Oreskes und Conway von der japanischen Erfindung eines Flechtenpilzes, der keine Habitatbeschränkungen hat und massenhaft CO_2 umwandeln kann. Ebd., S. 32.

Oreskes und Conway beschreiben in ihrem kleinen Buch einen Historiker, der auf unsere nahe Zukunft zurückblickt und vieles rätselhaft findet, nach Erklärungen sucht und schließlich sowohl die Form des wissenschaftlichen Denkens als auch die politischen Illusionen des Neoliberalismus als Ursachen für das Scheitern der Menschheit im 20. und 21. Jahrhundert ausmacht. Wie werden zukünftige Historiker und Historikerinnen auf die Vergangenheit schauen, auf die aktuelle Gegenwart, auf die herannahende Zukunft, auf die sich stark verändernden Verhältnisse auf dem Planeten Erde? Bislang hat sich die hohe gesellschaftliche Relevanz der Geschichtswissenschaft vor allem in Nachkriegs- und Transformationsgesellschaften, etwa bei der Dekolonialisierung, gezeigt. Aber welche Rolle kann sie in den vom Klimawandel geprägten zukünftigen Gesellschaften spielen? »What does it mean to be a historian on a planet on fire?«,[6] fragten auch kanadische Historiker im Jahr 2021.

1.1. Anthropozän als Klimawandel und als Debattenereignis

Die Zukunft der Geschichtswissenschaft und zukünftige Vergangenheiten im Anthropozän: Damit sind im Kern die Themen und Fragen dieses Buches benannt. Ist die im 19. Jahrhundert konstituierte Geschichtswissenschaft unter den Bedingungen des menschengemachten planetaren Klimawandels noch eine adäquate wissenschaftliche Perspektive? Werden diese Grundlagen derzeit grundsätzlich infrage gestellt oder lassen sie sich durch Anpassungen reformieren? Was verbirgt sich hinter der in der Anthropozän-Debatte häufig zu vernehmenden Forderung, dass die

6 Dunsworth/Macfarlane: Introduction.

Geistes- und Sozialwissenschaften in Zeiten des Klimawandels und des Anthropozäns neue Geschichten erzählen sollen? Mit welchen Werkzeugen, also Theorien, Methoden und Quellen, analysiert die Geschichtswissenschaft in Zukunft die Vergangenheit?[7] Und warum sollte ausgerechnet das Anthropozän zum Ausgangspunkt einer theoretischen und methodischen Neujustierung werden? Zwei Gründe für das Anthropozän als Motor des Wandels lassen sich zunächst benennen: Erstens die Art und das Ausmaß der sich verändernden klimatischen, ökologischen und sozialen Bedingungen auf dem Planeten und zweitens die geisteswissenschaftliche Rezeption der Anthropozän-Debatte.

Die erste Begründung für eine Auseinandersetzung mit dem Anthropozän liegt in den sich beschleunigt verändernden Lebensbedingungen auf dem Planeten Erde. Wir haben bereits viele Rekorde gebrochen: Die menschliche Bevölkerung ist von 1,5 Milliarden Menschen im Jahr 1900 auf etwa 7,8 Milliarden im Jahr 2022 angewachsen. Gleichzeitig gehen Wissenschaftlerinnen davon aus, dass wir 65 Millionen Jahre nach dem letzten Massenaussterben vor einem sechsten Massensterben stehen, das die globale Biodiversität aufgrund menschengemachten Klimawandels, industrieller Landwirtschaft, Umweltverschmutzung und des Verlusts von Lebensräumen fundamental verringern wird.[8] Die

7 Wenn im Folgenden häufig von ›der Geschichtswissenschaft‹ die Rede ist, geschieht dies im Bewusstsein, dass es sich dabei nicht um eine adäquate Bezeichnung für die Vielfalt der Geschichtsschreibung handelt. Die regionalen Unterschiede hinsichtlich der inhaltlichen Schwerpunkte, der Theorie- und Methodentradition, der Ausdifferenzierung in Subdisziplinen und der institutionellen Verankerung sind groß. Ich habe mich um eine internationale Perspektive bemüht, schreibe aber aus einer europäischen Standortgebundenheit. Für die Differenzen vgl. u.a. Berger: History and Identity.

8 Walsh: Mass Extinction; Kolbert: 6. Sterben.

domestizierte Tierpopulation umfasst schon jetzt 97 Prozent aller tierischen Lebewesen.[9] Steigt die Erderwärmung um mehr als 2 Grad Celsius, werden 99 Prozent der Korallenriffe verschwinden.[10] Das vergangene Jahrzehnt war das wärmste, das jemals gemessen wurde.[11] Der seit Beginn der Industrialisierung um circa 50 Prozent gestiegene Kohlendioxidgehalt und der noch stärkere Anstieg des Methangehalts in der Erdatmosphäre, die wesentlich zu Erderwärmung beitragen, haben bereits heute zahlreiche interdependente Folgen, darunter den Anstieg des Meeresspiegels, die Erwärmung der Ozeane, die Veränderung der Meeresströmungen und die Zunahme von Extremereignissen, wie Dürren, Überschwemmungen, Wald- und Buschbränden. Allein im europäischen Hitzesommer 2003 starben rund 50.000 Menschen.[12] Im australischen Black Summer 2019/20 verbrannten bei Buschfeuern ca. 130.000 km^2 Land und schätzungsweise eine Milliarde Tiere. Entgegen allen politischen Willensbekundungen und Klimaabkommen steigen die CO_2-Emissionen bisher weiter an. Die Erderwärmung ist jedoch nicht das einzige Problem, mit dem wir uns seit einigen Jahrzehnten auseinandersetzen müssen und das die Erdbevölkerung auch in den kommenden Jahrhunderten beschäftigen wird. Hinzu kommen die Ewigkeitslasten, die durch Energie- und Konsumpraktiken erzeugt werden: die Rückstände von Atomkraftwerken, der Atomwaffenproduktion und der chemischen Industrie sowie das Plastik, das die Ozeane und Meerestiere belastet.

Wem das alles zu naturwissenschaftlich und damit außerhalb des Gegenstandsbereichs der Geschichtswissenschaft liegend erscheint, den mögen die politischen Folgen

9 Thomas et al.: Anthropocene. S. 2 f.
10 Dixon et al.: Future Loss.
11 Latif: Countdown, S. 35.
12 Robine et al.: Excess Mortality.

des Anthropozäns überzeugen. Ein anschauliches Beispiel dafür, wie sich der Klimawandel auf Wahlergebnisse auswirken kann, sind die Parlamentswahlen 2022 in Australien. Der amtierende Premierminister Scott Morrison von der Liberal Party wurde abgewählt, weil er stets der Kohleindustrie nahestand, durch Untätigkeit bei den verheerenden Buschbränden und Überschwemmungen auffiel und die Umweltbewegung deutlich bekämpfte. Dramatischere politische Auswirkungen sind in den Bereichen Migration und soziale Ungleichheit zu erwarten. Der sich in den nächsten Jahren verschärfende Klimawandel wird nach heutigem Kenntnisstand zu millionenfacher Migration aufgrund fehlender Lebensgrundlagen und zu einer Zunahme von Verteilungskonflikten führen. Der Weltklimarat rechnete 2019 mit bis zu 280 Millionen Flüchtlingen allein durch den Anstieg des Meeresspiegels infolge der Eis- und Permafrostschmelze, wovon Indien, China und viele Inselstaaten besonders betroffen sein werden. Der Rückzug aus gefährdeten Gebieten wird die soziale Ungleichheit weiter verschärfen. Schon jetzt wird versucht, die Wohngebiete mit Betonblöcken zu schützen, die zu Meereswällen aufgeschüttet werden, wie die geplante Insel Eko Atlantic in der Nähe des Finanzzentrums von Lagos in Nigeria, die dem Meer abgerungen wurde.[13] (Abb. 1)

Steigt der Meeresspiegel deutlich an, werden die höher gelegenen, trockenen Wohngebiete teurer und die ärmere Bevölkerung wird in gefährdete Gebiete verdrängt. Die gegenwärtig noch bevorzugte Wohnlage mit Meerblick kann potenziell zum Lebensraum für Menschen werden, die aus finanziellen Gründen nicht umziehen können. In einigen Regionen ist dies bereits heute der Fall. Der

13 Burtynsky, Edward et al.: Anthropocene, S. 72. Vergleichbar ist die Lage im ägyptischen Alexandria. Abou-Mahmoud: Sea-Level Rise.

Abb. 1: Eko Atlantic City, Lagos © shutterstock

Bundesstaat New Jersey kauft schon seit Jahren Land auf, um bedrohte Küstenbewohner umzusiedeln. Jakarta, die Hauptstadt Indonesiens, sinkt und wird in Zukunft regelmäßig überschwemmt werden. Bis 2050 wird sie aller Voraussicht nach versunken sein. Die neue Hauptstadt soll auf der 2000 Kilometer entfernten Insel Borneo entstehen.[14] Die Auswirkungen des Klimawandels sind also auch ein politisches, wirtschaftliches und gesundheitliches Sicherheitsrisiko.[15] Und sie sind kaum noch finanzierbar: Für das Jahr 2022 rechnet die Münchener Rück mit weltweiten Versicherungsschäden in Höhe von 270 Milliarden US Dollar.[16] Noch werden Klimaschäden versichert, die Anpassungen der Prämien für die individuellen Versicherungen werden jedoch schon vorgenommen. Das bedeutet,

14 Kübler: Klimawandel.

15 Kreft: Ressourcensicherheit. Für die Verschiebung der politischen Begründung auf die Ressourcen vgl. das verwandte Argument in Kinzley: Natural Resources.

16 Schnell: Unwetterschäden; Münchener Rück: Naturkatastrophenbilanz.

dass für manche Menschen eine Versicherung der eigenen Immobilie bald nicht mehr bezahlbar sein wird. Im Schadensfall bedeutet das den finanziellen Ruin und mögliche Obdachlosigkeit.

Ausgehend von Susan Georges Diagnose der »Converging Crises« aus dem Jahr 2010, beschreiben die englische Politische Ökonomin Helen Thompson, der französische Philosoph Pierre Charbonnier und der US-amerikanische Historiker und Geograf Jason Moore das 21. Jahrhundert als eine kumulative Krise. Kumulativ in dem Sinne, dass sich Klima, Ökonomie und politische Legitimation gegenseitig beeinflussen, intensivieren oder gar bedingen. In dieser Sicht der »Converging Crises« haben wir es nicht mit einer Krise des Klimas oder einer Krise des Kapitals zu tun, sondern vielmehr mit einem Angriff auf die materielle Basis der politischen Freiheit der letzten 250 Jahre, so Pierre Charbonnier.[17] Der Krieg Russlands gegen die Ukraine zeigte dies sehr deutlich: So war und ist dieser lokale Krieg eng mit der Nahrungsmittelversorgung auf dem afrikanischen Kontinent verbunden, produzierte dort Hungersnöte, die wiederum Migrationsbewegungen verstärkten. Der Krieg intensivierte die durch die Folgen der Finanzkrise von 2008 immer weiter steigende Inflationsrate, er verteuerte in Europa nicht nur fossile Energieträger und damit Produktion und Mobilität, sondern auch die Butter. Der Klimawandel wird geopolitische Konflikte, soziale Ungleichheiten und die Bedrohung liberaler Ordnungen u.a. durch Rechtsextremismus und religiösen Fanatismus vermutlich weiter verschärfen.

Aber nicht nur die Interdependenz der Krisen wird gegenwärtig mehr als deutlich, sondern auch die von den genannten Wissenschaftlern und Wissenschaftlerinnen dia-

17 Charbonnier: Überfluss, S. 25.

gnostizierte Normalität der Krise. Demnach können wir nicht mehr von einer zeitlich begrenzten Krise – als Ausnahme von einem vermeintlichen Normalzustand – ausgehen, vielmehr sei die Krise der Normalzustand des 21. Jahrhunderts. Wissenschaftler haben wiederholt darauf aufmerksam gemacht – etwa 2020 in einem offenen Brief an den Guardian[18] –, dass der Klimawandel zu einem Kollaps, zur Zerstörung gesellschaftlicher Ordnungen und der mit ihnen verbundenen Sicherheit führen wird. Auch die jüngsten Berichte des IPCC integrieren diese gesellschaftlichen Folgen inzwischen vehement, wenn auch noch nicht immer sozial- und geisteswissenschaftlich kompetent.

Die Veränderungen des planetaren Lebensraumes vollziehen sich einerseits als schleichende Prozesse, in deren Folge beispielsweise Lebensräume dezimiert werden, wie die Sumpflandschaften rund um New Orleans, oder wie die Habitate der Fischpopulationen, die aufgrund erhöhter Meerestemperaturen zunehmend in kältere Zonen abwandern und damit die Fischversorgung der Bevölkerung gefährden. Zum anderen sind wir mit punktuellen, eruptiven Klimaereignissen wie Überschwemmungen und Bränden konfrontiert, die zu akuten Ausfällen der Infrastruktur, zur Zerstörung von Lebensraum für Mensch und Tier sowie zu Tod und Krankheit führen. Aus der Verwobenheit der Sphären des Erdsystems ist letztlich eine in Teilen unvertraute Entwicklungsdynamik abzuleiten.[19] Neben längerfristigen Prozessen und eruptiven Ereignissen sind die sogenannten Kipppunkte zentral. Dabei handelt es sich um nicht genau definierbare Schwellenwerte, deren Überschreitung unkontrollierbare und irreversible Effekte auf das gesamte planetare Klima hat: Zu den kritischen Kipp-

18 Vgl. auch Steffen et al.: Warning.
19 Steffen et al.: Trajectories of the Earth System.

punkten zählen beispielsweise der grönländische Eisschild, der Amazonas-Regenwald oder die Korallenriffe. Werden die berechneten Schwellenwerte überschritten, können Prozesse in Gang gesetzt werden, die sich grundlegend von unserer bisherigen Wahrnehmung historischen Wandels unterscheiden.

Derartige Phänomene, etwa die Wechselwirkungen zwischen Atmosphäre und Hydrosphäre, sind in der Geschichtswissenschaft bislang nicht oder nur in Ausnahmefällen thematisiert worden.[20] Imperiale Wissensproduktionen zu Klima und Ökologie sind dagegen ein zunehmend etablierter Gegenstandsbereich.[21] Auch die Frage, warum der Ausstoß von Methan und Kohlendioxid seit den 1980er Jahren wider besseres Wissen nicht gebremst wurde, ist ein Thema der Forschung.[22] Dies ist jedoch nur ein kleiner Ausschnitt der Fragen, die die Geschichtswissenschaft in den kommenden Jahren im Zusammenhang mit der Klimakrise beschäftigen wird. Die zu erwartenden politisch-ökologischen Konflikte der Zukunft werden die (Deutungs-)Kämpfe um den Kohleausstieg vermutlich wie ein kleines Tischfeuerwerk aussehen lassen. Selbst aus einer anthropozentrischen Perspektive, so könnte man dem Skeptiker entgegenhalten, wird die künftige Entwicklung des Planeten eine Fülle neuer thematischer und methodischer Herausforderungen für die Geschichtswissenschaft mit sich bringen, um die Genese dieser Entwicklung in ihrer planetari-

20 McNeill: Something New. Die historische Klimaforschung bildet eine Ausnahme, ist aber mit der sogenannten Allgemeinen Geschichte nicht gut verbunden. Vgl. Mauelshagen: Klimageschichte; White et al. (Hg.): Climate History.

21 Coen: Climate in Motion; Ross: Ecology; Lavelle: Profits; Poskett: Horizonte.

22 Oreskes/Conway: Merchants of Doubt; Mann: Propagandaschlacht.

schen Verwobenheit analysieren und an Universitäten und Schulen vermitteln zu können.

Der zweite Grund, um das Anthropozän zum Ausgangspunkt geschichtswissenschaftlicher Reflektion zu machen, ist die seit zwei Jahrzehnten boomende Debatte über ein neues Erdzeitalter. Ursprünglich als eine erdwissenschaftliche und dann auch geologische Diskussion über das Ende des Holozäns und den Beginn des Anthropozäns gestartet, hat sie in den letzten Jahren eine intensive, disziplinenübergreifende intellektuelle Erregung ausgelöst. Der Wissenschaftshistoriker Jürgen Renn hat sie mit den Auswirkungen von Einsteins Relativitätstheorie auf unsere Vorstellungen von Zeit und Raum verglichen.[23] Etwas bescheidener formuliert: Die Anthropozän-Debatte ähnelt in ihrer Dimension der Diskussion über die Moderne, die im letzten Jahrhundert in allen Geistes- und Sozialwissenschaften kontroverse Resonanz gefunden hat.[24] Im Unterschied zu dieser von Dipesh Chakrabarty einst scharf kritisierten eurozentristischen Debatte hat sich das Anthropozän jedoch zu einem globalen Debattenereignis entwickelt: Forschungen in und über Asien, Afrika, Europa, die Arktis und die Antarktis zeigen regionale Schwerpunkte und globale Ungleichheiten auf, betonen zugleich aber den planetarischen Zusammenhang ihrer Perspektiven.[25]

Die Anthropozän-Debatte hat, folgt man der gängigen Literatur, eine ganz konkrete Geburtsstunde: Der niederländische Atmosphärenchemiker und Nobelpreisträger Paul Crutzen rief im Februar 2000 auf einer Konferenz in Mexiko aus: »Stop using the word Holocene. We are not in the Holocene anymore. We're in the … the … the an-

23 Renn: Knowledge; Thomas et al.: Anthropocene, S. 4.

24 Gute Einführungen sind: Horn/Bergthaller: Anthropozän; Thomas et al.: Anthropocene.

25 Austin (Hg.): Anthropocene.

thropocene!«[26] Gebetsmühlenartig wird Crutzens Ausruf seither zum Heureka-Moment der Wissenschaft stilisiert, auch wenn einige Historiker erwartungsgemäß begonnen haben, die bis ins 18. Jahrhundert zurückreichende Vorgeschichte des Anthropozän-Begriffes zu untersuchen. Was aber war der Anlass, ein neues Erdzeitalter auszurufen? Ausgangspunkt der Überlegungen war die Beobachtung, dass in den verschiedenen Sphären der planetaren Existenz – der Atmosphäre, Lithosphäre, Hydrosphäre und Biosphäre – der Einfluss der Menschheit deutlich messbar ist. Neben Plattentektonik, Erosion, Vulkanausbrüchen und Meteoriteneinschlägen als bereits bekannte Ursachen für Veränderungen im Erdsystem sei ein neuer Akteur getreten: der Mensch bzw. die Menschheit. Die messbaren Auswirkungen menschlichen Handelns seien massiv: Die intensive Nutzung fossiler Brennstoffe und der damit verbundene Ausstoß von Kohlendioxid führe zum Abschmelzen des Polar- und Grönlandeises sowie der Gletscher, die energieintensive Massentierhaltung zur Vernichtung von Freiflächen, die industrielle Landwirtschaft zur Reduktion der Artenvielfalt, die Produktion und Zirkulation künstlicher Stoffe zur Verschmutzung und Vergiftung von Flora und Fauna, die Nutzung radioaktiver Isotope zur Ablagerung in der Erdkruste.[27] Das Holozän, die zweite Epoche des Quartärs nach dem Pleistozän, in der wir seit mehr als 11.000 Jahren in der klimatischen Ruhe der Warmzeit leben, sei damit zu Ende.

Die These des geologischen Faktors Mensch leugnet nicht, dass der Mensch schon immer Einfluss auf seine Umwelt genommen hat und sich seit jeher Spuren der

26 Hier nach: Horn/Bergthaller: Anthropozän, S. 8.

27 Lewis/Maslin: Human Planet, S. 4 f.; Westermann/Höhler: Writing History, S. 580.

Bearbeitung der Natur durch den Menschen finden lassen. Es handelt sich vielmehr um eine quantitative und eine qualitative Abgrenzung: Der Einfluss der Menschheit sei inzwischen so stark, dass er sich zum einen in der Erdkruste ablesen lasse. Zum anderen unterscheide sich der Einfluss des Menschen im Anthropozän von früheren Epochen dadurch, dass mit der gegenwärtigen Intensität eine Gefährdung der Lebensbedingungen einherginge. Im Hintergrund dieser Annahmen steht auch die Entwicklung der Erdsystemwissenschaft, einer jungen multidisziplinären Wissenschaftsrichtung, die sich aus der Annahme der planetaren Interdependenz entwickelt hat und Geologie, Physik, Biologie, Chemie sowie Deep History kombiniert, um die Geschichte, Gegenwart und Zukunft des Planeten Erde als ganzheitliches System soziometabolischer Stoffströme zu analysieren.[28] Der Vatikan der Geologen, die International Commission of Stratigraphy, reagierte zwar zunächst skeptisch auf die Verwendung des Begriffs unter Erdsystemwissenschaftlern, setzte aber dennoch eine interdisziplinär besetzte Kommission ein, die Anthropocene Working Group (AWG) unter Leitung des Geologen Jan Zalasiewicz, die zwischen 2009 und 2019 die These prüfte und schließlich Empfehlungen für die Annahme eines neuen Erdzeitalters aussprach.[29] Anfang 2024 wurde dieser Prozess erst einmal gestoppt, weil die Subcommission on Quaternary Stratigraphy gegen die Einführung des Anthropozäns als neuer Epoche stimmte. Eine schnelle Ent-

28 Lenton: Earth System, S. 1. Sie geht in Teilen auf James Lovelocks und Lynn Margulis »Gaia Hypothese« zurück. Grundannahme dieser Hypothese ist, dass das Leben auf dem Planeten die Atmosphäre stabilisiere und damit die Weiterentwicklung von Leben ermögliche. Ebd., S. 4.

29 Zur Historisierung der Anthropocene Working Group vgl. Will: Evidenz; Quenet: Anthropocene, S. 166.

scheidung ist nicht zu erwarten, ein Neuantrag kann erst in 10 Jahren gestellt werden.

Unabhängig von den geologischen Verfahren der Entscheidungsfindung haben der Begriff und die damit verbundenen Grundannahmen in den letzten Jahren in der Kunst, in den Museen sowie in den Geistes- und Sozialwissenschaften eine steile Karriere gemacht.[30] Für die Begriffsverwendung wird die Entscheidung der Geologen letztlich irrelevant sein, denn die begriffliche und konzeptionelle Nutzung außerhalb der Naturwissenschaften ist mittlerweile von einer Vielfalt geprägt, die es unmöglich macht, den Diskurs wieder einzufangen. Hannes Bergthaller und Eva Horn definieren das Anthropozän aufgrund der Heterogenität der Anliegen und Positionen als ein »Problemfeld, keine fertige Theorie, sondern eine offene Frage oder Aufgabe; eher ein Forschungsprogramm denn ein Forschungsergebnis; und eher ein Konfliktfeld von widersprüchlichen Narrativen als eine kompakte ›Große Erzählung‹.«[31] Die Polyvalenz des Begriffs, darauf hat Hannes Bajohr hingewiesen, geht zudem mit einem hohen Maß an Unschärfe in der Begriffsbedeutung einher.[32] Unter dem Dach des Anthropozäns finden sich durchaus unvereinbare theoretische Positionen. Einen Ausweg aus dieser Unschärfe suchen diejenigen, die fragen, ob der Begriff »Anthropozän« nicht gerade denjenigen inthronisiert, der für die Misere verantwortlich gemacht wird. Die Vorschläge für alternative Bezeichnungen sind unendlich. Die bekanntesten lauten: Capitalocene (Moore/Malm), Plantationocene

30 Mindestens fünf englischsprachige Zeitschriften mit Anthropozäntitel liegen derzeit vor: Anthropocene, Elementa. Science of the Anthropocene, The Anthropocene Review, Anthropocene Science, Anthropocenes. Human, Inhuman, Posthuman.

31 Horn/Bergthaller: Anthropozän, S. 43.

32 Bajohr: Keine Quallen, S. 64.

(Haraway/Tsing), Chtuluzene (Haraway), Black Anthropocenes (Yusoff). Clémence Hallé und Anne-Sophie Milon zählten insgesamt 109 alternative Vorschläge.[33] Ich verwende den Begriff des Anthropozäns mit kritischer Distanz, denn es ist dieser Begriff, der die Spiralen der Auseinandersetzung ausgelöst, angetrieben und bei aller Differenz zusammengehalten hat. Begriffe bedeuten etwas. Auch weil der Begriff zum Ausdruck einer bestimmten Wahrnehmung und Sorge um den kritischen Zustand des Planeten geworden ist, sind die Auseinandersetzungen um seine Bedeutung wichtig. Kapitalismuskritische, postkoloniale und feministische Perspektiven auf das Anthropozän gehören unter das Dach, gegen das sie sich abgrenzen. Das Anthropozän der Geistes- und Sozialwissenschaften ist also kein neuer Gegenstandsbereich – keine geologische Epoche –, sondern eine Denkrichtung, eine Perspektive, eine Frage. Diese Differenz – das Anthropozän als Gegenstand versus das Anthropozän als Denkweise – markiert zugleich die Schwierigkeit, das Anthropozän in Wissenschaft und Öffentlichkeit klar zu fassen.

Was ist neu am Anthropozän? Meines Erachtens sind drei miteinander verknüpfte Elemente der Anthropozän-Debatte neu und relevant: 1. das Verhältnis von Natur und Kultur und die More-Than-Human-Perspektive, 2. die Geschichte des Kapitalismus sowie 3. die Frage der Zeit. Ich möchte diese Elemente kurz erläutern, um in den folgenden Kapiteln darauf zurückzukommen. Erstens: Das Anthropozän wird zu DEM epistemischen Wandel der Gegenwart stilisiert, etwa von dem Wissenschaftshistoriker Jürgen Renn oder von Zoltán Simon, Marek Tamm und Ewa Domańska: »The collision of human/social and natural/physical systems in the Anthropocene is typically regarded as

33 Hallé/Milon: Infinity.

the greatest challenge to our established modes of knowledge production, marking the collapse of the categories of understanding through which we customarily make sense of ourselves and the world.«[34] Worin besteht diese Revolution des Denkens, die dem Anthropozän zugeschrieben wird? Anders als in der Geologie, die ein neues geologisches Zeitalter zu definieren versucht, steht in den Geistes- und Sozialwissenschaften nicht weniger als die moderne, als »westlich« apostrophierte Trennung von Kultur und Natur zur Disposition und wird in dieser Debatte völlig neu kalibriert.[35] Auf der Grundlage eines neuen Naturbegriffs wird von manchen sogar die institutionalisierte Trennung von Natur- und Geisteswissenschaften infrage gestellt.[36]

Bei der Bestimmung dessen, was den neuen Naturbegriff ausmacht, dominieren zunächst negative Bestimmungen: Natur ist nicht mehr der Ort, den der Mensch sonntags beim Spaziergang durchquert, den er verschmutzt oder schützt, den er wiederherstellt, bearbeitet und einhegt. Die Vielfalt der möglichen Beziehungen zwischen zwei getrennt vorgestellten Entitäten ist uns vertraut: die Herrschaft des Menschen über die Natur, das Verschwimmen der Grenzen zwischen Technik und Natur, die Bedrohung des Menschen durch die Natur, die Abhängigkeit des Menschen von der Natur, die Liebe zur Natur, etc.[37] Im anthropozänen Denken hat die Natur jedoch keinen »Ort«

34 Simon et al.: Knowledge, S. 407.

35 Bonneuil/Fressoz: Shock, S. 19. Dazu mehr in Kapitel 2.

36 Höfele et al.: Introduction, S. 130. Giuseppina D'Oro analysiert die theoretischen Probleme, die der Forderung nach Auflösung der Disziplinengrenzen inhärent sind und grenzt diese überzeugend von denjenigen Positionen ab, die für eine Gegenstands- und Methodenerweiterung plädieren. D'Oro: In Defence. Die Veränderung des Gegenstandes und die Veränderung der Methoden sind zwei unterschiedliche Prozesse, die nicht notwendigerweise miteinander verbunden sein müssen.

37 Höfele et al.: Introduction, S. 133.

mehr, der von dem des Menschen und dem des Sozialen zu trennen wäre.[38] Wenn man auch bezweifelt, dass die Unterschiede zwischen Natur und Kultur völlig eingeebnet werden können oder sollten, so lässt sich zumindest beschreiben, dass die als externalisiert imaginierte Natur mit jedem Klimaereignis immer näher an den Menschen heranrückt.[39] Französische Klimaaktivistinnen haben für diesen Zustand treffende Worte gefunden: »Nous ne défendons pas la nature, nous sommes la nature qui se defend.« Jürgen Renn formuliert es wissenschaftlich: »We are not living in a stable environment that simply serves as a stage and resource for our actions; rather, we are all actors in a comprehensive drama in which humans and the nonhuman world take part equally.«[40] Mit der Auflösung einer trennscharfen Grenze zwischen Natur und Kultur geht auch die exklusive Fokussierung auf menschliche Akteure verloren und nichtmenschliche Einheiten werden zu gleichberechtigten oder zu berücksichtigenden Akteuren der Geschichte. Diese geisteswissenschaftliche Stoßrichtung steht im Gegensatz zu den geologischen und erdwissenschaftlichen Zugängen, die den Einfluss der Menschheit zum zentralen Explanans des Anthropozän erhoben haben. Das Ausmaß der Relativierung menschlicher Handlungsmacht in geistes- und sozialwissenschaftlichen Ansätzen, das mit der Integration einer More-Than-Human-Perspektive einhergeht, ist wiederum umstritten. Die Reflexion hierüber betrifft aber die Geschichtswissenschaft in besonderem Maße, da sie ihre Selbstdefinition nach wie vor an die menschliche Zeit – in Abgrenzung zur Paläontologie und Geologie – knüpft.

Damit zusammenhängend, liegt die Erneuerung zwei-

38 Bonneuil/Fressoz: Shock, S. 20.
39 Ebd., S. 21.
40 Renn: Knowledge, S. 4 f.

tens in einem Verständnis des Kapitalismus, das über den klassischen Marxismus und die traditionelle ökonomische Theorie hinausgeht. So betont der Ideengeber Jason Moore zwar klassisch, dass das Dogma des ökonomischen Wachstums um jeden Preis, die Ausbeutung von globalen Arbeitskräften und ein Naturverhältnis, das allein der Ausbeutung natürlicher Ressourcen dient, für die Klimakrise verantwortlich gemacht werden müssen. Mit seiner Kritik am vermeintlich herrschaftsfreien und differenzlosen Menschheitsbegriff des Anthropozäns, dessen Verwendung die Verantwortung für die Schäden nicht thematisieren könne, zielt er zudem auf eine enge Anbindung an die Kolonialismus- und Imperialismusforschung.[41] Darüber hinausgehend betont er jedoch in seinem Standardwerk zum Capitalocene, dass der Kapitalismus nicht nur eine Ordnung wirtschaftlichen Handelns sei, sondern eine Art und Weise, Natur zu organisieren.[42] Dies sei die Grundlage des kapitalistischen Erfolgs: die ständige Inwertsetzung und Abwertung von Natur und bestimmten Menschengruppen als Ressourcen für die Produktions- und Distributionsprozesse.

Die dritte wesentliche Neuerung, die mit dem Anthropozän-Begriff einhergeht und sich aus den beiden erstgenannten Punkten ergibt, ist die Erweiterung der zeitlichen Untersuchungseinheiten. Vielfach wird in der Anthropo-

41 Während diese Perspektive wichtige Elemente aus der Neuen Kapitalismusgeschichte aufgreift, die Kapitalismus auch als kulturelles System versteht, bleibt Moores Ansatz aus geschichtswissenschaftlicher Perspektive unterkomplex, wenn es um ökonomische Varianten, etwa sozialistische Ökonomien, chinesische oder auch lokale Ökonomien geht. Gegen die Kritik an seinem exklusiven Zugang führt er die Dominanz der kapitalistischen Ökonomie an, die die anderen Varianten überlebt und dominiert habe.

42 Moore: Kapitalismus, S. 9. Vgl. auch: Beckert: Verkaufte Zukunft; Fraser: Cannibal Capitalism.

zän-Debatte gefordert, dass die Geschichtswissenschaft ihren auf die menschengemachte Geschichte bezogenen Zeitbegriff um die geologische Zeit erweitern sollte, da die Analyse von Geologie, Natur und Erdsystemen notwendigerweise Zeiträume berücksichtigen müsse, die mit den Zeitskalen der Menschheitsgeschichte allein nicht erklärbar seien. Die geologischen Zeitskalen sind jedoch nicht deckungsgleich mit denen der Geschichtswissenschaft. So ergeben sich unter der Berücksichtigung von anthropozäner und »More-Than-Human«-Perspektiven[43] nicht nur Veränderungen in den klassischen Einteilungen historischer Zeiten in Jahrhunderte, Epochen oder Perioden, sondern auch Veränderungen für die Konzeption von Zeitverläufen und -vorstellungen.

Hinter diesen ›Neuerungen‹ der geistes- und sozialwissenschaftlichen Anthropozän-Debatte verbergen sich bei genauerer Betrachtung heterogene theoretische, methodische und politische Ansätze: Von der Umweltgeschichte bis zum Kunstaktivismus, von einer planetarischen Soziologie bis zur marxistischen Revitalisierung, vom Ökofeminismus bis zur More-Than-Human-Ethnologie. Teilweise ist es ein ideologisches Schlachtfeld, manchmal ein esoterischer Tummelplatz und leider in wenigen Fällen auch ein Hort verschwurbelter Sprache. Vor allem aber handelt es sich um eine theoretisch anspruchsvolle und meines Erachtens auch gesellschaftspolitisch notwendige Veränderung der bestehenden Wissenschaftsordnung. Um die Verflechtungen des Menschen mit der Entwicklung des Planeten und seiner Sphären analysieren und erklären zu können, werden auch die historischen Geisteswissenschaften ihren Blick weiten müssen.

43 Moore: System.

1.2. Geschichtswissenschaft und Anthropozän

Für die Geschichtswissenschaft führt das Debattenereignis Anthropozän verschiedene Fäden der letzten Jahre zusammen, nicht als eine neue Epoche, sondern als eine neuartige theoretische und methodische Perspektive. Ob das Anthropozän gleich eine disziplinäre Wende mit sich bringt und wie diese aussehen könnte, wird sich erst in den kommenden Jahren zeigen.[44] Wie positionieren sich Historikerinnen bislang in diesem Feld? Entwickelt sich eine neue Form der Geschichtsschreibung, eine Anthropocene History?[45] Lösen sich womöglich die disziplinären Grenzen auf und werden alle zu Environmental Humanists?[46] Für eine Revolution, die zur Auflösung disziplinärer Kernkompetenzen führt, möchte ich im Folgenden nicht plädieren. Dennoch werden in der Anthropozän-Debatte zentrale Punkte angesprochen, die die Grundlagen der klassischen Geschichtswissenschaft herausfordern und zu denen ich als Historikerin Stellung beziehen möchte. Ich bin davon überzeugt, dass die bevorstehenden planetarischen Veränderungen eine Anpassung von Theorie, Methodik und Gegenstandsbereich der Geschichtswissenschaft erfordern und in die schulische und universitäre Lehre integriert werden müssen.

Angesichts der sehr prominenten Stimmen im Chor des Anthropozäns überrascht die Zurückhaltung der Geschichtswissenschaft in den ersten Jahren der Anthropozän-Debatte. Das Textmining-Tool auf Google-N-Gram zeigt seit 2010 einen exponenziellen Anstieg der Wort-

44 Horn/Bergthaller: Anthropozän, S. 25.

45 Wickberg: Temporality.

46 Für die Vielzahl der Publikationen sei exemplarisch genannt: Schmidt/Zapf (Hg.): Environmental Humanities.

verwendung an, aber das »Oxford Handbook of Environmental History« aus dem Jahr 2014 erwähnt das Anthropozän gerade einmal auf zwei Seiten – und das bei einem Gesamtumfang von 742 Textseiten.[47] Auch im »Companion to Global Environmental History« (2012), das vom »Frontmann« der Anthropozän-Debatte John R. McNeill und der Umwelthistorikerin Erin S. Mauldin herausgegeben wurde, wird das Anthropozän zwar in der Einleitung erwähnt, findet aber in den Beiträgen noch keinen Niederschlag. Nun dokumentieren Handbücher kanonisierte Wissensbestände, die naturgemäß träge sind. An den Publikationen lässt sich aber ablesen, dass eine intensivere Auseinandersetzung in der Umweltgeschichte erst nach 2010 begonnen hat.[48] Zudem ist zu vermuten, dass sie den Heureka-Moment nicht so intensiv erlebt wie andere Teilbereiche der Geschichtswissenschaft, für die Natur, Umwelt oder Ressourcennutzung bislang keine zentralen Forschungsgegenstände waren. Skepsis gegenüber dem Anthropozän haben vor allem diejenigen, die die Natur nach wie vor als einen von sozialen und politischen Verhältnissen zu trennenden Gegenstandsbereich definieren.[49]

Nach anfänglichem Zögern hat sich die Geschichtswissenschaft jedoch auf den Weg gemacht, sich mit den methodischen und theoretischen Angeboten, die mit dem Anthropozän verbunden sind, auseinanderzusetzen, teils

47 Isenberg (Hg.): Environmental History.

48 Auch Frank Uekötter erwähnte 2010 den Begriff in der Einleitung zu einem Sammelband als analytische Perspektive, aber er prägte die Beiträge des Sammelbandes, mit einer Ausnahme, noch nicht. Uekötter: Thinking Big, S. 10.

49 Diese Vermutung ergibt sich aus den Diskussionen, die innerhalb der Umweltbewegung schon lange schwelen. Allerdings ist die Befragung von Natur-Kultur-Beziehungen schon seit den 1990er Jahren Teil der globalen Umweltgeschichtsschreibung. Benson: Surroundings, S. 4 f.

überrascht, teils kritisch, teils euphorisch.[50] Vor allem die »Four Theses« von Dipesh Chakrabarty und seine nachfolgenden Texte haben seit den 2010er Jahren eine nicht unerhebliche Debatte über die Umweltgeschichte hinaus ausgelöst. Chakrabarty forderte erstens die Aufhebung der Trennung von Natur- und Menschheitsgeschichte angesichts des Klimawandels. Zweitens formulierte er die Notwendigkeit einer neuen Geschichte der politischen Freiheit angesichts der damit verbundenen Klimakosten. Drittens plädierte er für die Notwendigkeit einer kombinierten Globalgeschichte des Kapitals und Multispeziesgeschichte. Und viertens schließlich warb er für eine zu entwickelnde negative Universalgeschichte:[51] »The task of placing, historically, the crisis of climate change thus requires us to bring together intellectual formations that are somewhat in tension with each other: the planetary and the global; deep and recorded histories; species thinking and critiques of capital.«[52] Chakrabarty stellte zugleich früh die Frage nach den Veränderungen der Geschichtsschreibung unter den Bedingungen des anthropogenen Klimawandels.[53] Schwierig stellt er es sich vor, die Position des Menschen »in vielfältigen Maßstäben und Registern« zu interpretieren, als geologische Kraft und als »zu verstehende« soziale Gruppe im Kontext globaler Ungleichheit. In diesem Spagat sieht er die zentrale Herausforderung zukünftiger Ge-

50 Vgl. u.a. Westermann/Höhler: Writing History; Quenet: Anthropocene; Hamilton et al. (Hg.): Anthropocene. An der ETH Zürich wurde 2021 zum ersten Mal eine Professur mit der Denomination »Geschichte des Anthropozäns« besetzt.

51 Chakrabarty: Four Theses. Zur Historisierung zitiere ich an dieser Stelle aus der Originalpublikation. Im weiteren Verlauf beziehe ich mich auf die Monografie, in der dieser Aufsatz wieder abgedruckt wurde.

52 Ebd., S. 213.

53 Chakrabarty: Geschichtsschreibung.

schichtsschreibung.[54] Seine vielfältigen Anregungen sind theoretisch aufgegriffen und kritisch diskutiert worden, empirisch umgesetzt wurden sie bislang aber nur selten.

Eine weitere Pionierin der geschichtswissenschaftlichen Diskussion, die US-amerikanische Japan-Historikerin Julia Adeney Thomas, beschreibt die gegenwärtige Annäherung an das Anthropozän wie folgt: »Indeed, it may be most accurate to describe historians as dabbling in the shallows of this oceanic change – some feeling their way from the shores of environmental history, others approaching from political history, economic history, feminist history, intellectual history, and a host of other subdisciplinary outposts.«[55] Ergänzt wird diese Diagnose einer allgegenwärtigen Pirsch auf das Anthropozän durch die Beobachtung, dass die Umweltgeschichte eines der am schnellsten wachsenden Felder der Geschichtswissenschaft ist, das mittlerweile auch Subdisziplinen wie die Militär- und Unternehmensgeschichte erreicht hat.[56] Der Aufschwung umwelthistorischer Forschung angesichts der neuartigen Klimaphänomene ist nicht überraschend. Er allein reicht meines Erachtens aber nicht aus, um eine der Klimakrise und dem Anthropozän angemessene Geschichtswissenschaft zu entwickeln und zu realisieren. Erst mit der ›Normalisierung‹ der Umweltgeschichte und der ›Naturalisierung‹ der sogenannten Allgemeinen Geschichte verschieben sich die thematischen und methodischen Zugänge.[57] Eine Reduktion der Problematik auf die Emission von Kohlendioxid, auf

54 Ebd., S. 161.

55 Thomas et al.: Anthropocene, S. 131.

56 Mauldin: Environmental History, S. 2.

57 Rohland: Entangled Histories, S. 4. Zoltán B. Simon und Julia A. Thomas plädieren dafür, dass die Geschichtswissenschaft dem vernetzten und multiplen Systemdenken der Erdsystemwissenschaften folgen sollte. Simon/Thomas: Earth System Science.

die Klimakrise als Erderwärmung, wäre zu kurz gegriffen,[58] denn die Aufgabe für die Geschichtswissenschaft lässt sich nicht darauf beschränken, die Genealogie des anthropozänen Weltzustandes zu rekonstruieren.[59] Das können Klima- und Umweltgeschichte längst.

Vermutlich hängt die anfängliche disziplinäre Zurückhaltung damit zusammen, dass Historikerinnen dem Gegenwartsbezug und der Zukunftsorientierung der Debatte skeptisch gegenüberstehen und sich auf ihre Kernkompetenz konzentrieren, allenfalls den vergangenen Blick auf die Zukunft (auch die vergangene Zukunft der Natur) zu historisieren.[60] Die Frage, ob die Geschichtswissenschaft im Jahr 2050 noch gut gerüstet sein wird, um die planetarische Geschichte zu erfassen, zu analysieren und zu lehren, hat tatsächlich mit mehreren unbekannten Variablen zu kämpfen. Der Historiker Lucian Hölscher hat die Imagination zukünftiger Vergangenheit als einen allgegenwärtigen, aber riskanten Modus beschrieben: Das Verfahren, die Gegenwart aus einer antizipierten Zukunft als Vergangenheit (»future past«) zu imaginieren, arbeite mit zwei Leerstellen, denn erstens sei die Zukunft offen, und zweitens sei

58 Thomas: Why the Anthropocene. Das genaue Gegenteil nimmt Julia Nordblad wahr. Aufgrund einer verkürzten Rezeption der Forschungsliteratur weist sie dem Anthropozändiskurs ein geschlossenes, quasi apokalyptisches Zukunftsszenario zu, eine temporale Struktur der determinierten Zukunft, das in der Folge zur politischen Handlungsunfähigkeit führe. Der Bezug auf Climate Change wiederum – bei ihr basierend auf dem IPCC – entwickele verschiedene Zukunftsszenarien, deren Realisierung deutlich an das politische Handeln in der Gegenwart und nahen Zukunft geknüpft sei. Der jüngste IPCC-Report scheint jedoch eher von einer Kombination beider Zugänge geprägt zu sein, ohne dass hier unverträgliche Zukunftsvorstellungen sichtbar werden. Nordbald: On the Difference, S. 335.

59 Simon: Wissensregime.

60 Hölscher: Entdeckung; Radkau: Zukunft; Robin et al. (Hg.): Future of Nature. Zur Zukunftsabstinenz der Geschichtswissenschaft kritisch: Holtorf: Periodization.

nicht vorhersehbar, wie die Vergangenheit in der Zukunft rekonstruiert wird. Diese ›doppelte Erfindung‹ mache die zukünftige Vergangenheit als Modus der Gegenwartsbetrachtung zu einer riskanten intellektuellen Bewegung.[61] Zurückhaltung wird von Historikern auch bei Prognosen geübt. Zu oft schon, das zeigt die Geschichte, ist die erwartete Zukunft nicht eingetreten: Weder wurde die Ziellinie marxistischer Zukunftsentwürfe erreicht, noch hat sich die Menschheit bisher durch einen Atomkrieg selbst ausgelöscht. Eine Umkehr dieses negativen Zukunftsdeterminismus in ein »Alles ist kontingent« ist aber auch für Historikerinnen und andere Menschen keine Option mehr: Ist die Zukunft wirklich noch offen? Sicherlich kann man nicht sagen, dass die theoretische Offenheit der Zukunft verschwunden ist. Aber die praktische Offenheit scheint sich zu verengen, wenn wir den wissenschaftlichen Daten der Klimaforschung folgen.[62] Nicht nur Klimaforscherinnen, sondern auch Risikomanager, Versicherungen und internationale Organisationen interpretieren die nahe Zukunft als eine Verengung der Handlungsmöglichkeiten. Deutlichster Ausdruck ist die jüngste Diagnose der zusammenschmelzenden Zukunft, bis die 1,5-Grad-Celsius-Grenze erreicht ist, sowie das Forschungsergebnis, dass fünf Kippelemente bereits bei der derzeitigen Erderwärmung von 1,1 Grad instabil werden.[63] Der Historiker Achim Landwehr geht deshalb von einer Schrumpfung der Zukunft aus, einer Zukunft, die vor allem durch die Klimakrise näher an die Gegenwart herangerückt sei, sogar auf die Gegenwart drücke.[64] Wenn dem so wäre, müsste sich die Geschichtswissenschaft irritieren lassen, denn die Idee der Offenheit

61 Hölscher: Future Pasts, S. 899.
62 Vgl. auch Landwehr: Diesseits der Geschichte, S. 153.
63 Müller-Jung: Klimazustand.
64 Landwehr: Diesseits der Geschichte, S. 153.

der Zukunft, deren Gestaltung unter anderem vom freien Willen der Individuen abhängt – und nicht von göttlicher Destination –, ist das Gründungsmanifest der modernen Geschichtswissenschaft. Ist auch die Geschichtswissenschaft in eine Krise geraten?

1.3. Unbehagen und Kontamination

Dieses Buch ist aus Unbehagen und Verunsicherung heraus entstanden: Wie können zukünftige Historikerinnen und Historiker Vergangenheiten erfassen, deren komplexe Verwobenheit es erforderlich macht, eng gefasste Gegenstandsbereiche zu verlassen? Wie kann die Geschichtswissenschaft bereits jetzt auf die multiplen Krisen der Gegenwart und Zukunft reagieren, um zukünftige Vergangenheiten adäquat analysieren und erklären zu können? Diese Fragen lassen sich weder dogmatisch noch mit missionarischem Eifer beantworten. Vielmehr ist zunächst anzuerkennen, dass die gesellschaftlichen und ökologischen Veränderungen, die wir jetzt schon erleben, und die weiteren, die noch auf uns zukommen, eine erhebliche Verunsicherung mit sich bringen, auf die viele mit Angst, mit Abwehr oder Planungswut reagieren. Diese Verunsicherung betrifft auch die Geschichtswissenschaft.[65] Die Antworten auf die Fragen, wie wir in die Klimakrise gekommen sind, wie sie sich entwickeln wird und wie wir mit den künftigen Gefahren umgehen können, lassen sich jedoch nicht allein aus den Statistiken und Prognosen der Wirtschafts- und Klimawissenschaften gewinnen. Vielmehr gilt es, das Unbehagen und die Verunsicherung produktiv zu nutzen, neue Forschungsdesigns zu erproben und das methodische und theoretische Instrumentarium zu erweitern.

65 Degroot: Climate History.

Mein Vorschlag, der im Folgenden näher ausgeführt wird, beinhaltet das Bild einer Historikerin auf Spurensuche, grabend, kriechend, riechend, die Nase am Boden, so wie der Botaniker und Mykologe Merlin Sheldrake auf der Suche nach den feinen Verästelungen der Wurzeln eines Baumes. Mit einem Löffel legt er die immer dünner und fragiler werdenden Wurzelgeflechte des Baumes frei, um schließlich den nur mit einer Lupe sichtbaren Übergang zu einem Pilzgeflecht zu entdecken, das die symbiotische Beziehung zwischen Pilz und Baum kennzeichnet.[66] Einen Historiker findet man in der Regel nicht mit der Nase an den Wurzeln von Bäumen schnüffelnd, der Symbiose zwischen Pilz und Baum auf der Spur – zumindest nicht aus professionellen Gründen –, es sei denn, es handelt sich um einen Archäologen.[67] Auch wenn die Metaphern, mit denen Historiker und Historikerinnen ihre Arbeit beschreiben, wie Quellenforschung und exemplarische Tiefenbohrungen, an die Erschließung fossiler Brennstoffe erinnern, so meinen sie doch in der Regel die Analyse von Informationsträgern, die Menschen produziert haben, seien sie nun schriftlich, fotografisch oder filmisch. Warum aber sollten wir davon ausgehen, dass es für künftige Generationen von geschichtswissenschaftlich Tätigen attraktiv ist, metaphorisch mit der Nase im Schlamm zu wühlen und mit dem Löffel kaum sichtbare und ihnen bislang unvertraute Zusammenhänge freizulegen? Wer will sich schon schmutzig machen?[68] David Worster beklagte schon Anfang der

66 Sheldrake: Entangled Life.

67 Sheldrake: Entangled Life, S. ix–x.

68 Martin Meiske schlägt den Historikern vor, die »Wander- und Gummistiefel aus dem Schrank zu holen und die Spuren historischer und zeitgenössischer Transformationsprozesse sowohl in den Archiven des Menschen als auch in den Archiven der Natur zu suchen.« Meiske: Geoengineering, S. 48. Wanderschuhe empfiehlt auch Blackbourn: Eroberung, S. 28.

1980er Jahre die Trennung der Geschichtsschreibung von der Natur als Ablösung vom Dreck: »History increasingly became archival pursuit, carried on by urban scholars; there was less and less dirt on it.«[69] Eine ähnliche Absetzbewegung hatte der Historiker und Soziologe W.E.B. Du Bois bereits 1930 beschrieben: Er analysierte, wie sich die Zeitgenossen vom Housatonic River in Massachusetts abwandten, nachdem sie dort ihren Dreck darin hinterlassen hatten.[70] Richard White stand in dieser Tradition, als er 1995 die Geschichte des Columbia River untersuchte und es als Aufgabe der Historiker bezeichnete, sich dem Schmutz zuzuwenden, als Metapher für Grenzüberschreitung sowie als Gegenstand der Vergangenheit: »This is a book which seeks to blur boundaries, emphasize impurity, and find, paradoxically, along those blurred and dirty boundaries ways to better live with our dilemmas.«[71] White deutete an dieser Stelle Vorstellungen von Kontamination, Unreinheit und Grenzüberschreitung an, entwickelte den Ansatz jedoch nicht systematisch weiter.

In der Studie der Anthropologin Anna Lowenhaupt Tsing »Der Pilz am Ende der Welt. Über das Leben in den Ruinen des Kapitalismus« (engl. 2015) wird eine weiterführende Perspektive auf Wandel durch Kontamination entwickelt.[72] Ihre Studie hat mich dazu angeregt, über ›kontaminierte‹ Geschichtswissenschaft nachzudenken. Der Hauptprotagonist ihres Buches ist ein Pilz, der Delikatessenpilz Matsutake, der u.a. in den abgeholzten und verlassenen Wäldern Oregons eine neue Existenz gefunden hat. Die Rohstoffruine der kapitalistischen Holzwirtschaft rahmt

69 Worster: Natural History, S. 2.

70 Hier zitiert nach Frazier: Flint, S. 13.

71 White: Organic Machine, S. x–xi. Mein Dank geht an Lasse Heerten für diesen Hinweis.

72 Vgl. neuerdings auch Hathaway: Mushroom.

die Vernetzung verschiedener organischer Lebensformen – vor allem die von Bäumen, Pilzen und Menschen – und ist der Raum, in dem von Migranten betriebene klandestine Märkte mit dem globalen Delikatessenmarkt eine Verbindung eingehen. Tsing versteht die »kontaminierende Kollaboration« als einen »Modus des Überlebens«, ohne den keine Form des Lebens möglich ist. Ich verfolge diesen Ansatz als Idee weiter, um eine Form der Geschichtsschreibung zu entwickeln, die die Vielstimmigkeit der Geschichten ernst nimmt und nach Geschichten sucht, in der Mosaike, Gefüge und Kontaminationen sichtbar werden,[73] was in Tsings Worten bedeutet, »nach Geschichten Ausschau [zu] halten, die sich durch Kontamination entwickeln.«[74] Wie Du Bois und White ist auch Tsing der Ansicht, dass es gerade der Blick auf die »kontaminierte Diversität« ist, der den ständigen Wandel der Verflechtungen offenbart.[75] Es scheint also, als ließe sich der Gegenstand der Verunreinigung, den die Menschheit ständig produziert, in einen methodischen Hebel verwandeln, der die Illusion klarer Grenzen, reiner Einheiten und geregelter Zeitflüsse infrage stellen kann. Die metaphorische Idee der Kontamination – also Verunreinigung als Gegenbegriff zur Reinheit – bezieht sich dabei auf die Interdisziplinarität des Ansatzes, auf den analytischen Bezugsrahmen und auf den historischen Gegenstand (vgl. Kap. 4). Im Anschluss an Tsings Überlegungen schlage ich vor, auch die Geschichtswissenschaft als Disziplin in ihren Grundfesten, ihren Gegenständen und Methoden der Kontamination zu unterwerfen. Die traditionell negative Konnotation des Begriffs dient der

73 Nach Tsing: Pilz, S. 35; 48.
74 Ebd., S. 48.
75 Ebd., S. 54 f.

bewussten Auseinandersetzung mit innerer und äußerer Relationalität und Grenzüberschreitung.

Der Historiker David Armitage hat kürzlich darauf verwiesen, dass sich die Geschichtswissenschaft selten in Debatten über eine positive Entwicklung der Menschheit, über »human flourishing« einmischt.[76] Historikerinnen würden oft auf ihrer Rekonstruktionskompetenz bei der Betrachtung der Vergangenheit beharren und zögern, daraus abgeleitete Aussagen über die Gegenwart oder die Zukunft zu machen. Die Vergangenheit selbst, so Armitage, fordere uns eben nicht auf, über die Gegenwart oder die Zukunft nachzudenken. Auch wenn die von ihm beschriebene Distanz der Geschichtswissenschaft zu den verschiedenen Formen des Gegenwartsbezugs hierzulande weitaus seltener zu hören ist als bei den von ihm behandelten amerikanischen Kolleginnen,[77] stellt sich in der Tat die Frage, ob man mit solchen Überlegungen nicht den wissenschaftlichen Zuständigkeitsbereich verlässt und dem Politischen zu viel Raum gibt. Auch werden wohl die wenigsten von uns eigene Messungen zur Methanextraktion beim Auftauen von Permafrostböden durchführen oder die Migration von Fischen in kühlere antarktische Gewässer beobachten. Das war niemals die Aufgabe der Geschichtswissenschaft und wird es auch zukünftig nicht sein.[78] Deren Kernkompetenz

76 Armitage: Presentism.

77 Der ansonsten aufschlussreiche Text könnte eine genauere regionale Kontextualisierung vertragen. So sind die deutschen Historiker nach dem Zweiten Weltkrieg mit einer besonderen Verantwortung für Gegenwart und Zukunft ausgebildet worden. Afrikanische Historiker wiederum haben sich lange Zeit auf das 20. Jahrhundert konzentriert, um die konflikthafte, postkoloniale Gegenwart besser zu verstehen und gegen das südafrikanische Apartheidssystem zu kämpfen. Vgl. zu Letzterem Reid: Past and Presentism; Swart: At the Edge.

78 Allerdings ruft John McNeill die Geschichtswissenschaft dazu auf, sich neuen Methoden, etwa DNA-Analysen, gegenüber aufgeschlossen zu zeigen. McNeill: Peak Document.

liegt eher in der multifaktoriellen Analyse von vergangenen Prozessen und Ereignissen auf der Basis der Überlieferung, wozu dann letztlich aber auch die Daten der Eisbohrkerne gehören können. Darüber hinaus weist die Geschichtswissenschaft aufgrund ihres Wahrheitsanspruches falsche Aussagen und Interpretationen zurück. Gerade deshalb spielen Historiker in geschichtspolitischen Auseinandersetzungen zu Recht eine zentrale Rolle. Ich denke, sie können noch mehr. Sie verfügen über Kompetenzen, die in Gesellschaften, die durch die Klimakrise unter Druck geraten, wichtig sind.

In den folgenden Ausführungen möchte ich die geschilderte historiografische Unsicherheit in eine Reflexion darüber, was die Geschichtswissenschaft zur Debatte über das Anthropozän und zum Umgang mit der Klimakrise beitragen kann, übersetzen. Dabei geht es nicht um eine ausgewogene geschichtsphilosophische Meditation, sondern vielmehr darum, sich in eine Debatte einzumischen, die sich angesichts intensiv wahrgenommener planetarischer Veränderung tagtäglich in Form neuer Publikationen beschleunigt. Zu diesem Zweck beginne ich im zweiten Kapitel mit einer grundsätzlichen Überlegung, was ›neue Geschichte/n‹ in einer zukünftigen Geschichtswissenschaft sein könnten. Ich verstehe die Reintegration der Natur und die dafür notwendigen multitemporalen Perspektiven nicht als eine wissenschaftliche Revolution, sondern als Wiederaufnahme verloren gegangener Fäden und als Verstärkung bereits vorhandener historiografischer Überlegungen. Darüber hinaus setzt sich das Kapitel kritisch mit der Frage der Datierung des Anthropozäns auseinander. Ziel des dritten Kapitels ist es, die Dezentrierung des Menschen als zentralem Akteur der Geschichtswissenschaft angesichts der Forderung aus manchen Naturwissenschaften, die Menschheit als Akteur bei der Definition einer neuen geologischen Epoche in den Mittelpunkt zu stellen, zu diskutieren. Dazu werden wissenschaftliche Strömungen wie der Posthumanismus und die More-Than-Human-History vorgestellt und im Hinblick auf historiografische Perspektiven analysiert. Im vierten und letzten Kapitel formuliere ich einen Vorschlag, wie bestehende mit neuen geschichtswissenschaftlichen Richtungen verbunden werden können, um angesichts des Anthropozäns – als Klimawandel und als Debattenereignis – nicht nur anschlussfähig, sondern auch aussagekräftig und innovativ zu sein. Dies beinhaltet keine neue Bindestrich-Disziplin, in der es darum geht, weitere Genealogien des Anthropozäns zu schreiben. Vielmehr dient es dem Zweck, über eine integrative Geschichtswissenschaft im Anthropozän nachdenken.

2. Neue Geschichte(n) für schlechte Zeiten?

2.1. Geschichtsschreibung mit Gegenwartsbezug

Die Diskussion um die Frage, wie viel Gegenwartsbezug die Geschichtswissenschaft verträgt, ist so alt wie die Geschichtswissenschaft selbst, und das Spektrum der Positionen ist breit. Während die eine Seite davor warnt, Geschichte in den Dienst der Gegenwart zu stellen und damit Teleologie zu betreiben, verweist die andere Seite auf die Unmöglichkeit, die Vergangenheit ohne Gegenwartsbezug als Geschichte zu beschreiben. Letztere Position wird oft mit Forderungen nach Inklusion und Gerechtigkeit (z.B. in den USA) oder mit Vergangenheitsbewältigung und Geschichtsdidaktik (u.a. in Deutschland) begründet. Prominente Historikerinnen, wie etwa Lynn Hunt, warnen immer wieder vor einer zu starken Ausrichtung des Faches an den politischen Bedürfnissen der Gegenwart und verweisen auf den damit verbundenen potenziellen Schwund vormoderner Geschichtsforschung.[79] Der US-amerikanische Historiker David Armitage hat diese Position jüngst als Versuch skizziert, die wissenschaftliche Beschäftigung mit der Vergangenheit von der Position und Subjektivität des Historikers zu trennen. Er setzt dagegen auf die enge Verbindung zwischen Vergangenheit als Gegenstand und untersuchender Person: »The past does not speak to us; we speak for the past. Nor does the past look at us: we examine

79 Hunt: Against Presentism. Jüngst konnte man die Explosionskraft dieser alten Debatte beobachten, als der US-amerikanische Afrika-Historiker James H. Sweet vor zu starkem Präsentismus warnte, ohne die Legitimität und Aktualität anderer Positionen angemessen zu würdigen. Sweet: Is History History?; über die Folgen Green: Right Side.

the past. Historians control the interpretation of the past, but it cannot control us.«[80]

Allen Warnungen vor Teleologie und Funktionsverengung zum Trotz ist die Geschichtswissenschaft immer eine Wissenschaft gewesen, deren Gegenwartsbezug sich an der Konjunktur ihrer Themen und Untersuchungsgegenstände ablesen lässt. Die Banken- und Finanzkrise von 2008 hat die Geschichte des Kapitalismus revitalisiert, die Klimakrise hat zunächst die Umweltgeschichtsschreibung und inzwischen auch Teile der sogenannten Allgemeinen Geschichte erfasst, die Corona-Pandemie hat seit 2020 zu Forderungen geführt, die globale Verflechtung sozialer, medizinischer und politischer Prozesse in den Vordergrund geschichtswissenschaftlicher Analysen zu rücken.[81] Aber nicht nur in der Themenwahl, sondern auch in der Diskussion um den eigenen Beitrag zur Entwicklung von Gesellschaften lässt sich der Gegenwartsbezug der Geschichtswissenschaft verorten.[82] Wenngleich dieser Gegenwartsbezug nicht von allen geliebt und mancherorts tatsächlich zur institutionellen Schrumpfung der Altertums- und Mittelalterforschung genutzt wird, steht die Geschichtswissenschaft doch in regem Austausch mit gegenwartsbezogenen Fragestellungen, mitunter sogar in der Hoffnung, durch historische Forschung einen Beitrag zum Wohlergehen der Welt leisten zu können. Die Gegenwärtigkeit der Vergangenheit ist unumgänglich und macht die Geschichtswissenschaft in den Debatten um das Anthropozän bedeutsam.

80 Armitage: Presentism, S. 62.
81 Uekötter: Entanglements; Thießen: Auf Abstand.
82 Armitage: Presentism.

›Neue Geschichten‹

Die Notwendigkeit, die Geschichtsschreibung zu verändern und angesichts des Anthropozäns neue Geschichten zu erzählen, wird von vielen Historikerinnen und Historikern geteilt. Dabei ist das Spektrum der Autoren regional durchaus heterogen: Die französischen Historiker Christophe Bonneuil und Jean-Baptiste Fressoz zielten bereits 2013 auf eine Dekonstruktion der Narrative vom »guten Anthropozän« und eine Entwicklung neuer Erzählungen über die Entwicklung des industriellen Kapitalismus auf der Basis fossiler Brennstoffe: »Rethinking the past to open up the future.«[83] Bei der Entwicklung neuer Geschichten hätte die Geschichtswissenschaft eine besondere Verantwortung: Sie sollten, so die Autoren, die Erinnerung an vergangene Debatten und Interpretationen, Kämpfe und Niederlagen wachhalten, da diese vergangenen Erfahrungen wichtig für die kommenden Herausforderungen seien.[84] Um die komplexen Probleme des Anthropozäns zu erfassen und zu vermitteln, so die US-amerikanische Historikerin Carolyn Merchant, seien neue Theorien in den Geisteswissenschaften notwendig: »At their root is new form of thinking – integrative thinking.«[85] Der in Sri Lanka geborene Historiker Sunith Sivasundaram plädiert für eine neue »earthly history«, die Imperium, Rasse und das Anthropozän miteinander in Beziehung setzt.[86] Der indische Historiker Dipesh Chakrabarty fordert eine neue Geschichtsschreibung, die in der Lage sein müsse, »history of life on this planet« zu erfassen, und erhofft sich von neuen Geschichten eine Milderung der durch die Klimakrise in-

83 Bonneuil/Fressoz: Shock, S. xiii.

84 Ebd.

85 Merchant: Humanities, S. 154.

86 Sivasundaram: Imperial Transgressions.

tensivierten Konflikte.[87] Der deutsche Historiker Frank Uekötter sieht die Magie der Moderne verloren und fordert einen neuen narrativen Stil, der die Kompartimentierung der Historiografie überwindet.[88] Die US-amerikanische Historikerin Julia Adeney Thomas sucht nach »a new way to think about how humans relate to the planet.«[89] Die polnische Historikerin Ewa Domańska, betont darüber hinaus neue Partnerschaften und die Abkehr von der Philosophie als natürlicher Partnerin der Geschichtswissenschaft: »It is not philosophy but biology from which history is learning.«[90]

Die Liste des Unbehagens und des Aufbruchs lässt sich mit Stimmen aus anderen Disziplinen fortsetzen. Der indische Schriftsteller und Literaturwissenschaftler Amitav Ghosh diagnostiziert ein Versagen der literarischen Formen angesichts der Klimakrise.[91] Auch er hofft auf Veränderung: »I would like to believe that [...] they [die neue Generation, S.M.] will rediscover their kinship with other beings, and that this vision, at once new and ancient, will find expression in a transformed and renewed art and literature.«[92] Die US-amerikanische Wissenschaftsforscherin Donna Haraway fordert neue »tentakulär« verknüpfte Erzählungen, da der Anthropos gescheitert sei.[93] Die US-amerikanische Anthropologin Anna Lowenhaupt Tsing sucht, wie bereits erwähnt, nach neuen Geschichten der Kontamination und des Überlebens.[94] Breitenwirksam, wenn auch nicht unwidersprochen, sind vor allem die

87 Chakrabarty: Climate of History, S. 20.
88 Uekötter: Im Strudel, S. 647, S. 652.
89 Thomas: Why the Anthropocene.
90 Domańska: Posthumanist History, S. 328.
91 Ghosh: Derangement, S. 8.
92 Ebd., S. 162.
93 Haraway: Unruhig bleiben, S. 56.
94 Tsing: Pilz.

Überlegungen des französischen Wissenschaftssoziologen Bruno Latour. Er geht davon aus, dass »der physische Rahmen, den die Menschen als gesichert erachtet hatten, der Boden, auf dem ihre Geschichte sich immer abgespielt hatte, ins Wanken geraten ist.«[95] Hintergrund und Vordergrund der Betrachtung würden, so Latour, im neuen Klimaregime vertauscht: »Die Menschengeschichte wird kalt, und die Naturgeschichte ist dabei, ein frenetisches Tempo einzuschlagen.«[96] Auch er folgert daraus, dass »sich an der Art und Weise, Geschichten zu erzählen, von Grund auf alles« ändert.[97] Das sehen auch die Literatur- und Kulturwissenschaftler*innen Eva Horn und Hannes Bergthaller so: »Das heißt auch, dass die Heterogenität der Zeitskalen und Temporalitäten […], die das Anthropozän kennzeichnen, völlig neue Formen der Historiografie erforderlich macht.«[98]

Wie diese ›neuen Geschichten‹ konkret aussehen werden, ist bislang unbestimmt. Konsens besteht jedoch in der Ablehnung strikter Disziplingrenzen und in der Notwendigkeit, naturwissenschaftliche Forschung und ›Natur‹ in die geistes- und geschichtswissenschaftlichen Perspektiven zu integrieren. Damit einher geht häufig das Plädoyer für eine stärkere Berücksichtigung nicht-menschlicher Akteure.[99] Darüber hinaus plädieren viele Stimmen für eine weitere Diversifizierung der Zeitstrukturen in den Geschichtsnarrativen aufgrund der geologischen Zeithorizonte des Anthropozäns.

95 Latour: Kampf um Gaia, S. 15 f.
96 Ebd., S. 131.
97 Ebd., S. 16.
98 Horn/Bergthaller: Anthropozän, S. 203 f.
99 LeCain: Matter of History.

Die dargestellten Positionen teilen die Prämisse, dass es die Geschichtswissenschaft auch zukünftig geben und die Klimakrise es nicht unmöglich machen wird, ihren Interpretationen weiterhin zu folgen. Viele Autorinnen und Autoren teilen die Einschätzung von David Armitage, dass es trotz der katastrophalen Veränderungen auf dem Planeten eine Aussicht auf Verbesserung geben kann, zu der die Geschichtswissenschaft mit ihrer Forschung und ihren Geschichten beitragen sollte. Dieser explizite Gegenwarts- und Zukunftsbezug setzt voraus, dass Geschichte für das Selbstverständnis und die Sinnstiftung von Menschen und Gruppen bedeutsam ist.[100] So wird argumentiert, dass wissenschaftliche Geschichten über die Vergangenheit den Menschen dazu dienten und dienen, ihren Platz im planetarischen Dasein zu verstehen. Diese Prämisse ist eine alte Wegbegleiterin der Geschichtswissenschaft: Religiöse, nationale oder globale Narrative haben die Geschichtsschreibung der Neuzeit gespeist. Und so finden sich auch unter den Historikerinnen des Anthropozäns optimistische Einschätzungen über die Wirkung der ›neuen Geschichten‹. Geschichtsschreibung, so etwa Julia A. Thomas, müsse erklären, wie es zu dieser bedrohlichen Situation kommen konnte, und sie müsse Vorschläge machen, wie mit der zukünftigen Lage umzugehen sei: Geschichtsschreibung sei auch dazu da, »to bend Earth's trajectory away from the worst of all possible worlds«.[101] Andere Historikerinnen verbinden ihre Forderung nach neuen Geschichten konkret mit der gesellschaftlichen Aufgabe der Aufklärung, etwa

100 Cronon: Storytelling, S. 5. Meister betont, dass das allgemeine Erzählen über weitere Funktionen verfügt als nur die der Selbstverortung. Vgl. Meister: Erzählen, S. 97.

101 Thomas: Earth System, S. 61. »In this way, Anthropocene stories, like all good stories, connect past, present, and future.« Ebd., S. 45.

Lilly Robin, die australische Umwelthistorikerin: »In a crisis situation like this, history can usefully add meaning to numbers. A slower pace of story-telling can unpack the slow catastrophe and defuse the panic. [...] History adds a different sort of depth to the present. If the context of the discussion is too technical (such as in actuarial models of discounted futures), it is hard to understand what global warming might mean for everyday living.«[102] In diesen Positionen sind durchaus Reminiszenzen an das Lernen aus der Geschichte (historia magistra vitae) zu erkennen. Die ›neuen Geschichten‹ machen uns zwar nicht zu besseren, d.h. nachhaltig lebenden Menschen, aber sie entwickeln Alternativen und reduzieren die Panik, so die Hoffnung. Wie auch immer man sich zu den erhofften Effekten stellt – ob die ›neuen Geschichten‹ aufklären und aufrütteln oder beruhigen und rationalisieren sollen: Die geschichtswissenschaftliche Debatte über das Anthropozän ist von einem starken Gegenwartsbezug geprägt. Darin lauert die Gefahr, dass sie zu einer Diskussion über die Geschichte der Neuzeit reduziert wird. Als Perspektive jedoch sollte sie auf alle Epochen anwendbar sein.

Verwandte Entwicklungen

Zwei Entwicklungen der gegenwärtigen Geschichtsschreibung stehen in einem Spannungsverhältnis zum Experiment der ›neuen Geschichten‹. Bezeichnenderweise sind es solche, die dem Anthropozän sehr nahestehen. Da ist zum einen die Richtung, die das Leiden und die Verantwortung des Menschen in Zeiten des Klimawandels ins Zentrum rückt: Manche Historiker verbinden damit die Suche nach Resilienz oder Widerstand. Andere blicken hoffnungsvoll auf historische Phänomene, in denen Menschen und andere

102 Robin: Changing Times, S. 336.

Spezies unter schwierigen Bedingungen überlebt haben. Wiederum andere, die sich am Capitalocene orientieren, analysieren, wer für den anthropozentrischen Klimawandel verantwortlich gemacht werden kann: der Kapitalismus, der Globale Norden, die Sklavenhalter, die Männer, die Weißen oder die nach Konsum strebenden sogenannten Schwellenländer? Worin besteht das Spannungsverhältnis zum Anthropozän? Den genannten Zugängen ist die Konzentration auf die menschliche Geschichte inhärent. Menschliche Akteure stehen im Zentrum der Geschichte von Unterdrückung, Verantwortung, Ausbeutung und erlittenem Leid. Eine Integration nicht-menschlicher Akteure sowie eine Diversifizierung der Zeitstruktur ist in diesen Zugängen zumeist noch nicht zu finden.

Die zweite allgemeine Entwicklung in der Geschichtswissenschaft weist ebenfalls intellektuelle Verwandtschaften mit der Anthropozän-Debatte auf, steht aber auch in einem Spannungsverhältnis zu ihr. Die Geschichtswissenschaft hat – regional durchaus unterschiedlich gewichtet – in den letzten Jahrzehnten eine Entwicklung durchlaufen, die zu einer immer stärkeren Kompartimentierung der historisch arbeitenden Subdisziplinen geführt hat und die seit den 1980er Jahren als Bindestrich-Geschichte kritisiert wird: Die Tiergeschichte, Multi-Species-History, Big History, Deep History, ANT und Post-ANT, Praxeologie, New Materialism oder Posthumane Geschichte zielen bei aller Differenz auf komplexe Gefügeanalysen und die Integration pluraler, nicht-menschlicher Faktoren in die Beschreibung historischer Prozesse.[103] So verwandt viele dieser Ansätze mit der Anthropozän-Debatte sind, so verdeutlichen sie doch ein Problem: Nur Experten werden sich in diesem »Fadenspiel« der Geisteswissenschaften

103 Tamm/Olivier: Introduction.

noch zurechtfinden und dabei Geschichten produzieren, die in ihrer Exklusivität die planetarische Dimension unserer Geschichte vermutlich nicht in angemessener Breite darstellen können. Um aber die ›neuen Geschichten‹ zu finden und zu schreiben, bedarf es einer gemeinsamen Anstrengung, die zwischen den Subdisziplinen, den Methoden und den Gegenständen gezogenen Grenzen zu überwinden, um die planetarische Dimension von noch so kleinen Untersuchungseinheiten – Räumen, Zeiten, Artefakten – erfassen zu können. Eine zu enge Ausrichtung auf menschliche Geschichte oder eine zu strikte methodische Grenzziehung wären dabei hinderlich. ›Neue Geschichten‹ müssen mehr leisten: Sie sollten das planetarische Gewebe nicht nur als Hintergrund der menschlichen Entwicklung darstellen, sondern Multispeziesgefüge, Multitemporalität und die Verortung menschlicher Verantwortung im Netz von Pfadabhängigkeiten und Macht miteinander verweben.

Historikerinnen ahnen schon, dass es mit der Forderung nach ›neuen Geschichten‹ nicht ganz so einfach ist. Das ›Neue‹ dient als Währung auf dem Markt der wissenschaftlichen Möglichkeiten, um bislang minoritäre Positionen zu etablieren und durchzusetzen. »The new humanities« war schon in den 1990er Jahren ein Schlagwort.[104] Turns und selbsternannten Innovationen muss man nicht folgen, nur weil sie suggerieren, dass das ›Alte‹ abgelöst werden müsse, dass es anachronistisch sei. Vielleicht wäre ›anders‹ ein angemesseneres Adjektiv. Das folgende Kapitel thematisiert die genannten Konsenspositionen – die Integration von Natur bzw. naturwissenschaftlicher Forschung und Zeitstrukturen – als fortwährende Auseinandersetzung einer Disziplin mit sich selbst und ihrem Standort in der mittlerweile von vielen Akteuren bevölkerten Arena der Analyse

104 Chakrabarty: Climate of History, S. 2.

von Vergangenheit, Gegenwart und Zukunft. Das Anthropozän, so wie ich es verstehe, wirkt in dieser Auseinandersetzung wie ein beschleunigender Motor in einer schon älteren Debatte.

2.2. Von der Bühne zum Akteur – die Natur in der Geschichtswissenschaft

Folgt man den Rufen nach Erneuerung in der Anthropozän-Debatte in Bezug auf die Naturverhältnisse, so fällt auf, dass der Ruf nach der Integration naturwissenschaftlicher Forschung häufig zu hören ist. Doch was ist damit gemeint? Sollen Historikerinnen demnächst im Labor stehen oder selbst Eisbohrkerne ziehen? Wohl kaum. In einem ersten Schritt muss es meines Erachtens darum gehen, die aus der Geschichtswissenschaft in Teildisziplinen und Hilfswissenschaften ausgelagerte Naturbetrachtung wieder zu integrieren. Das ist an sich nicht neu, bedeutet aber eine Verbreiterung der forschenden Aufmerksamkeit: von der menschlichen Geschichte zur Historischen Geografie, zur Geologie und Paläontologie, zur Wissens- und Wissenschaftsgeschichte sowie zur Anthropologie der Natur bzw. Environmental Anthropology. Gleichzeitig ist daran zu denken, dass es nicht allein mit der Integration weiterer ›die Natur‹ erfassender Methoden getan ist. Es steht auch die Frage nach der Historizität der Natur im Raum, sowohl in der Geschichtswissenschaft als auch in den gerade genannten Disziplinen. Natur und Landschaft sind mehr als nur die Bühne, auf der menschliche Akteure agieren. Sie haben eine Geschichte und damit auch verschiedene Zeiten.

Das Tempo der Natur

Fernand Braudel (1902–1985) gehörte zu jenen Historikern, die die Geschichte der Natur, der Landschaften und der Gezeiten nicht allein der Geografie und Naturwissenschaft überlassen wollten. Mit seiner 1949 erschienenen dreiteiligen Studie über das Mittelmeer hatte Braudel erkannt, dass die Wahrnehmungsweisen von Natur und Menschen raum-zeitlich differenziert werden müssen. Er forderte eine Form der Géo-Histoire, die die landschaftlichen, geologischen und ökologischen Faktoren in die Analyse der menschlichen Geschichte einbezieht.[105] Den ersten Band seiner Geschichte des Mittelmeerraums widmete er dem

> Menschen in seinen Beziehungen zum umgebenden Milieu; eine träge dahinfließende Geschichte, die nur langsame Wandlungen kennt, in der die Dinge beharrlich wiederkehren und die Kreisläufe immer wieder neu beginnen. Diese faßt [sic] außer der Zeit liegende, dem Unbelebten benachbarte Geschichte wollte ich weder vernachlässigen noch sie, wie es traditionell in so vielen Büchern geschieht, als nutzlose geographische Einführung an die Schwelle der eigentlichen Darstellung verbannen: jene Geschichte mit ihren mineralischen Landschaften, Äckern und Blumen, die man rasch vorzeigt und von der dann nie mehr die Rede ist, als ob die Blumen nicht in jedem Frühling wiederkämen, als ob die Herden in ihren Wanderungen innehielten, als ob die Schiffe nicht auf einem realen Meer segeln müßten, das sich mit den Jahreszeiten verändert.[106]

105 Baker: Geography, S. 22.

106 Braudel: Mittelmeer, S. 20. Die anderen beiden Bände widmete er bekanntermaßen einerseits den sozialen Gruppen und Strukturen sowie andererseits den Individuen. Seine drei Bände folgten unterschiedlichen Zeitlichkeiten: »eine geographische, eine soziale und eine individuelle Zeit« (S. 21). Interessanterweise gehörten für Braudel die Nomaden auch

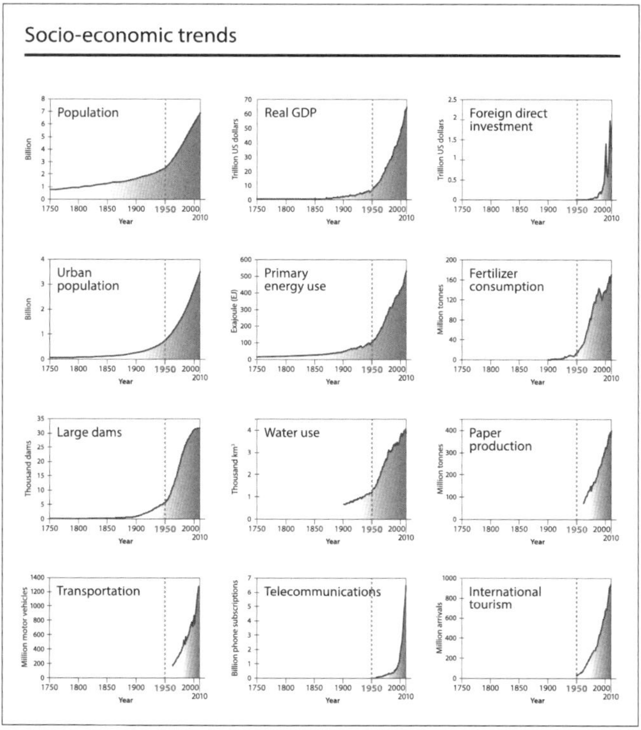

Abb. 2: Great Acceleration Graphs, aus: Steffen et al.: Trajectory of the Anthropocene. Figure 1

Natürliche Gegebenheiten und Landschaften, Flora und Fauna veränderten sich nach Braudel zwar meist zyklisch, hätten aber ihren Platz in der Geschichte und nicht nur als Bühne für die menschliche Geschichte. Braudel folgte damit seinem akademischen Lehrer, Lucien Febvre, der 1922

in den ersten Band. Jordheim diagnostiziert, dass Braudel die Stratigrafie als eine »Metatheorie« für Geschichtsschreibung nutzte. Jordheim: Stratigraphies, S. 32.

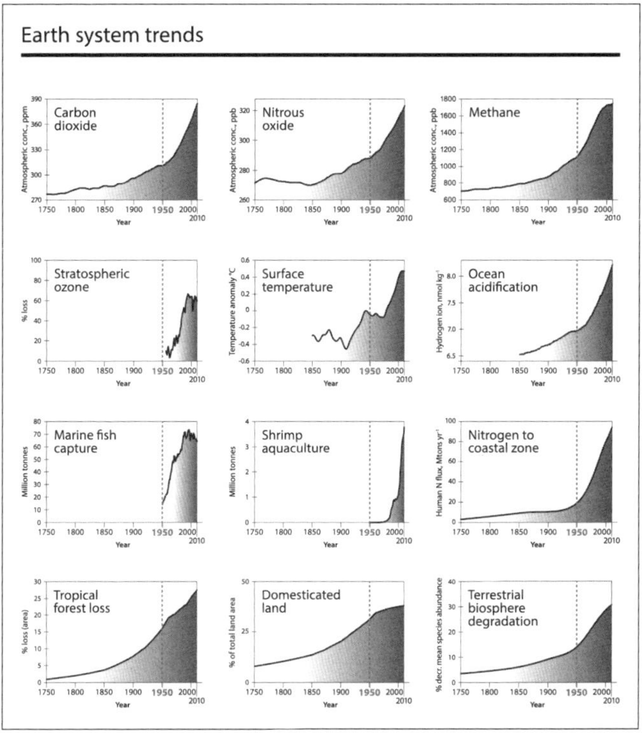

Abb. 3: Great Acceleration Graphs, aus: Steffen et al.: Trajectory of the Anthropocene. Figure 3

in seinem Werk »La Terre et l'évolution humaine« die reziproken Beziehungen zwischen der menschlichen Gesellschaft und den sie umgebenden Landschaften zum zentralen Fokus seiner Untersuchung gemacht hatte, nicht ohne all seinen antiken, mittelalterlichen und neuzeitlichen Vorgängern in den verschiedenen Disziplinen den gebührenden Respekt zu zollen. Febvre war sich sehr wohl bewusst, dass die wissenschaftliche Untersuchung, die ihm vorschwebte, nur durch die nicht immer konfliktfreie Bewegung in den sich überlappenden Grenzräumen der Disziplinen gelingen konnte.[107]

Betrachtet man vor diesem historiografischen Hintergrund die geologischen, geografischen und ökologischen Faktoren, die in der Anthropozän-Debatte als Belege für die Beschleunigung des planetarischen Wandels herangezogen werden, so fällt der Blick auf die »träge dahinfließende Geschichte« der natürlichen Umgebung anders aus: Die Zeitlichkeit der ›Natur‹ scheint sich verändert zu haben. Sie hat sich beschleunigt.[108] (Abb. 2 und 3)

Die These der »Great Acceleration«, die der Klimawissenschaftler Will Steffen zusammen mit anderen im Jahr 2004 veröffentlichte, basiert auf einer umfassenden Datensammlung über den sozioökonomischen, materiellen, klimatischen, geografischen und ökologischen Einfluss der Menschheit auf den Planeten. Die Daten zeigen eine besonders starke Zunahme aller untersuchten Faktoren in der zweiten Hälfte des 20. Jahrhunderts. Aus diesen Gründen wird die Beschleunigung des anthropogenen Einflusses nach 1945 von vielen als Beginn des Anthropozäns angesehen.[109]

Ungeachtet der ungeklärten Geburtsstunde des Anthropozäns lässt sich die Natur, als soziometabolischer Untergrund der Daten, also weder als Bühne menschlicher Gesellschaften noch als unbewegliche Materie begreifen, sondern ist ein Akteur und gewichtiger Faktor, der die Handlungsmöglichkeiten der Menschheit in Zukunft noch viel

107 Febvre: Évolution Humaine.

108 Bouton: Accélération.

109 Die These entwickelt Steffen et al.: Trajectory of the Anthropocene. Zur Ausformulierung der These aus geschichtswissenschaftlicher Perspektive McNeill/Engelke: Great Acceleration. Zur Gegenberechnung Nielsen: Great Deceleration; und Supplement, S. 1–8. Zur Kritik der Gegenberechnung: Head et al: Acceleration is Real.

stärker determinieren wird. Die in den letzten Jahrhunderten errungene oder zumindest proklamierte technische Souveränität der Menschheit über die Natur kehrt sich damit ins Gegenteil um, denn nicht zuletzt mit den unvorhersehbaren Effekten der Kipppunkte wird sich die menschliche Kontrolle über die natürliche Umwelt weiter minimieren. Ob es diese postulierte menschliche Beherrschung im globalen Maßstab jemals gegeben hat, kann allerdings mit guten Gründen bezweifelt werden.[110] Die Geschichte der Naturkatastrophen zeigt vielmehr, dass die Menschheit schon immer in höchstem Maße von den natürlichen Gegebenheiten abhängig und bedroht war: Die Dürren in der Sahelzone, die Überschwemmungen in den Monsungebieten oder die vergeblichen hydraulischen Rettungsversuche in New Orleans zeugen von unkontrollierbaren Naturräumen.

Rückkehr der Natur

Was bedeuten die beobachtbare Dominanz der beschleunigten Natur und das Wissen um die Zusammenhänge des Erdsystems für die Geschichtswissenschaft? Kehrt sich die Verzeitlichung der Wissenschaften in der Sattelzeit, die mit zur nominellen Ausgrenzung der Natur aus den Geschichtswissenschaften beigetragen hat, wieder um und kehrt »die Natur« zurück? Um welche »Natur« handelt es sich? Bahnt sich hier ein Paradigmenwechsel an? Um diese Fragen zu beantworten, ist es notwendig, die bisherige geschichtswissenschaftliche Betrachtung der Natur – die Historisierung der Natur – kurz in den Blick zu nehmen. Dabei wird deutlich, dass es sich bei der ›Rückkehr‹ der

110 Die Infrastrukturprojekte, die Martin Meiske untersucht hat, bezeugen eher die vielfältigen Schwierigkeiten und das Scheitern des Geoengineering. Meiske: Geoengineering.

Natur in die Geschichtswissenschaft nicht um eine radikale Neuerung handelt, sondern um die Fortsetzung einer jahrhundertelangen Auseinandersetzung über den Charakter und die Rolle der Natur im Verhältnis zum Menschen. Konsensuelle und unumstrittene Positionen hat es in diesen Debatten nie gegeben, eher eine »fortlaufende Kontroverse« über die Definition, Rolle und Funktion der Natur für die Menschheit.[111] Zugleich ist jedoch nicht zu übersehen, dass sich bestimmte Positionen als Mainstream in der Geschichtswissenschaft durchgesetzt haben, während andere eher in die Teildisziplinen oder in den Laienbereich abgewandert sind. So führte etwa die Annahme der Existenz ›geschichtsloser Naturvölker‹ dazu, dass ganze Weltregionen aus der Geschichtswissenschaft ausgegrenzt und dem Zuständigkeitsbereich der Anthropologie und Ethnografie zugewiesen wurden.[112] Die Folgen sind bis heute spürbar und spiegeln sich in der universitären Forschungslandschaft wider. Die institutionelle Dominanz an den europäischen Universitäten sicherte sich in dieser Kontroverse zunächst die menschenzentrierte Politikgeschichte als sogenannter Königsweg der Geschichtswissenschaft. Politik- und Diplomatiegeschichte wurde im 19. Jahrhundert zum Synonym für ›vaterländische‹ und allgemeine Geschichte. Diese hat zwar in den letzten Jahren, u.a. bedingt durch den cultural turn, zum Teil erhebliche Wandlungsprozesse durchlaufen, die Zuständigkeit für die Natur aber weiterhin anderen geisteswissenschaftlichen Disziplinen und Teildisziplinen, wie der Umwelt- und auch der Tiergeschichte, überlassen. Die Geschichtswissenschaft hat jedoch seit ihrer Professionalisierung und Etablierung als Disziplin auch kontroverse Positionen hervorgebracht. Im

111 Mehr: Kultur- als Naturgeschichte, S. 13.
112 Marx: Völker.

19. Jahrhundert lieferten sich die sogenannten Laienhistoriker zum Teil heftige Auseinandersetzungen darüber, inwieweit naturwissenschaftliche Erkenntnisse für die Geschichtsschreibung zentral sein sollten.[113] Viele Historiker, darunter der berühmte und kontroverse Kulturhistoriker Karl Lamprecht (1856–1915), prägten die Geschichtswissenschaft mit ihren übergreifenden Perspektiven, die auch ›die Natur‹ integrierten, wenngleich deren Rezeption verzögert erfolgte. Auch die Wissenschaftler jener Disziplinen, für die die Beschäftigung mit den »natürlichen Verhältnissen« das Kerngeschäft darstellte – die (historische) Geografie, Geologie, Paläografie, Archäologie und Teile der Anthropologie – waren nur institutionell, aber nie prinzipiell von der Geschichtswissenschaft getrennt. Die Annales-Schule und die Historische Anthropologie sind besonders eindrucksvolle Beispiele für diese Verflechtungen.[114]

Disziplinäre Grenzen

Die Reintegration der Natur in den Radius der klassischen Geschichtswissenschaft ist etwas anderes als die Auflösung der disziplinären Grenzen zwischen Natur- und Geisteswissenschaften, für die vor allem Bruno Latour plädiert. Er sieht die Gegenstandsbereiche als Grundlage der Trennung der Disziplinen entgrenzt: »Die Trennlinie zwischen Sozialwissenschaft und Naturwissenschaft ist völlig verwischt. Weder Natur noch Gesellschaft können unversehrt ins Anthropozän eintreten, in Erwartung ihrer friedlichen ›Versöhnung‹«[115] Auch Bernd Scherer sieht die »Phänomenbereiche« derart durchdrungen, dass die darauf basierende Grenze zwischen den Disziplinen nicht mehr angemessen

113 Mehr: Kultur- als Naturgeschichte, S. 15.

114 Vgl. auch: Arni/Probst: Natur – Kultur; für die Entwicklung der Historischen Ökologie: Balée: Research Program.

115 Latour: Kampf um Gaia, S. 208 f.

sei.[116] Diese Positionen plädieren angesichts eines veränderten Gegenstandsbereichs für eine Veränderung in der wissenschaftlichen Untersuchung, für eine Aufweichung der disziplinären Grenzen. In dieser Allgemeinheit könnte man dem Plädoyer sicherlich folgen. Riskant und die wissenschaftlichen Erkenntnismöglichkeiten verkürzend wäre es jedoch, überkommene Diskussionen wieder aufleben zu lassen, in deren Mittelpunkt die Frage stand, ob die Geschichtswissenschaft der naturwissenschaftlichen Methodik bedürfe. Nicht diskutiert wird die umgekehrte Perspektive, nämlich die Frage, inwiefern die Natur- und Erdsystemwissenschaften die Methodik der Geschichts- und Geisteswissenschaft dringend benötigen. So betont die Umwelthistorikerin Ruth A. Morgan, dass (geisteswissenschaftliche) Ökonomen und Geologen dringend historische Perspektiven brauchen, um den Klimawandel auch als soziale und politische Krise zu verstehen.[117] Die geschichtswissenschaftliche Anthropozän-Debatte könnte leicht Gefahr laufen, in alte Grabenkämpfe und epistemisch bedingte kommunikative Sackgassen zu geraten, wenn sie das Plädoyer für multidisziplinäre Zusammenarbeit nicht konkretisiert und realistisch ausgestaltet. Die größte Reichweite und die größten kommunikativen Erfolgsaussichten versprechen wohl jene Konzepte, die die Disziplinengrenzen dort überschreiten, wo methodische Verwandtschaften zu erwarten sind und wo die durch den Historismus des 19. und 20. Jahrhunderts verfestigte Disziplinentrennung leichter verflüssigt werden kann. Eine solche kommunikative und methodische Brücke verbindet nicht notwendigerweise die Geschichtswissenschaft mit den Naturwissenschaften, sondern stärkt vielmehr die notwendige Zusammenarbeit mit

116 Scherer: Denkbilder, S. 16.
117 Morgan: Uncertain Future, S. 356.

den anderen historisch arbeitenden Disziplinen. Es gilt alte Verbündete wiederzuentdecken.

Natur-Kultur-Verhältnisse

Die Geschichtswissenschaft kann sich jedoch nicht mit einem leicht als imperial missverstandenen Ausgreifen auf Nachbardisziplinen begnügen. Es geht auch um eine Revision des disziplinären Natur-Kultur-Verständnisses, das die Disziplin begründet hat. Die damit verbundene übergreifende Frage, wie sich der menschliche Blick auf die »Natur« verändert hat, könnte nicht größer sein. Zugleich ist sie schon so oft Gegenstand geisteswissenschaftlicher Forschung gewesen, dass der zu erwartende Neuigkeitswert sicher nicht überschätzt werden sollte. Für die Anthropologie etwa ist die Frage nach den globalen Varianten des Natur-Kultur-Verhältnisses seit jeher ein grundlegender Gegenstandsbereich. Es lohnt sich daher, einen Blick auf die anthropologische Kartografie des menschlichen Naturverständnisses und der Natur-Kultur-Beziehungen zu werfen.[118] Insbesondere französische Kritiker wie Bruno Latour und Michel Serres haben sich bereits vor der Erfindung des Anthropozän-Begriffs aus wissens- und wissenschaftshistorischer Perspektive mit Natur-Kultur-Ontologien auseinandergesetzt.[119] Der französische Anthropologe Philip Descola betont vor dem Hintergrund der sichtbaren globalen Vielfalt, dass sich die europäische Vorstellung einer strikten Trennung von Natur und Kultur bestenfalls als Sonderfall zu bezeichnen sei: Für Europäer sei die Natur »seit der Romantik als Gegenentwurf zur Industrialisierung« präsent, als ein »Fetisch der Europäer«.[120]

118 Vgl. etwa Orr et al.: Environmental Anthropology; Vaughn et al.: Ecologies.

119 Bensaude-Vincent: Rethinking Time, S. 207.

120 Descola: Jenseits, S. 98.

Die dualistische und hierarchische Einteilung der Welt in den homo oeconomicus und den native man, in Primitive und Zivilisierte konstituierte sich in den Jahrhunderten westlicher Ideengeschichte immer wieder über zugeschriebene Nähe und Distanz zur Natur und hatte, so Descola, ihre wesentliche Funktion in der Hierarchisierung von Entwicklungsstufen, in der Annahme, dass »das Fehlen eines scharfen Gegensatzes zwischen Menschen und Nichtmenschen das Merkmal eines bestimmten Stadiums der Weltgeschichte ist, das die großen Zivilisationen hinter sich gelassen hätten.«[121] Von der Anthropologie kann die Geschichtswissenschaft lernen, dass Aneignung, Verehrung, Ausbeutung und Zerstörung von Naturräumen nicht prinzipiell und schematisch betrachtet werden können.[122] Narrative von indigener Harmonie mit der Natur einerseits und westlicher Ausbeutungsmentalität andererseits helfen in konkreten Untersuchungsräumen nicht weiter. Idealisierung und Dämonisierung verstellen den Blick auf die multifaktoriellen, oft widersprüchlichen Beziehungen zwischen Menschen und ihren materiellen Ressourcen, den Landschaften und Lebensräumen sowie ihren Vorstellungen von Natur.

Geisteswissenschaftliche Untersuchungen des Natur-Kultur-Verhältnisses sind so alt wie die Wissenschaften selbst. In der Anthropozän-Debatte steht jedoch zu Recht die Kritik an überkommenen Vorstellungen im Mittelpunkt. Schematische Analysen von Gegenbegriffen wie »Natur« als »Welt, wie sie ist« und »Kultur« als »repräsentierte Welt«, in denen der handelnde Mensch eine Art Vermittlungsinstanz einnimmt, bilden unsere Welt nicht mehr

121 Descola: Jenseits, S. 57.

122 Auch ökologische Perspektiven, die über das geografische Interesse hinausgingen, hat es vor allem bei den Anthropologen gegeben. Baker: Geography, S. 75.

adäquat ab, so Bernd Scherer.[123] Auch Wahrnehmungen der menschlichen Ausbeutung der Natur oder Forderungen nach dem Schutz der Umwelt beruhen letztlich auf einer einseitigen und dualistischen Einteilung der Welt. Demgegenüber ist die Vielfalt der Beziehungen und die notwendige definitorische Unschärfe von Naturbegriffen zu betonen. Ähnliches gilt für den Begriff der Umwelt, den wir dank der seit den 1970er Jahren populär gewordenen Umweltbewegungen mit einem schützenswerten Gut verbinden, der sich teilweise mit Naturvorstellungen überschneidet, wenn wir von der globalen Umwelt oder der ozeanischen Umwelt sprechen, der aber auch die städtische Umwelt oder das individuelle Wohnumfeld meinen kann.[124] Imagologisch-semantische Studien zum Natur- und Umweltbegriff stehen neben naturwissenschaftlichen Betrachtungen mittels Pollenanalysen, Skelettrekonstruktionen und der Untersuchung von Bodenstrukturen.[125] Adlige Hof- und Gartengestaltung steht neben bäuerlicher Subsistenz- und Überschussproduktion in der Frühen Neuzeit.[126] Jagen und Sammeln, Gartenbau, Naturreligionen, Forstwirtschaft und Wassernutzung, Fischfang und industrielle Fleischproduktion, Bergsteigen oder Waldatmung, Nostalgie und Trauer um ausgestorbene Spezies – das historische Panorama möglicher Mensch-Natur-Beziehungen ist unendlich weit, und ebenso weit sind die Naturbegriffe.[127] Angesichts weitreichender historischer und zukünftiger Grenzverschiebungen zwischen Natur und Nicht-Natur

123 Scherer: Denkbilder, S. 74.

124 Benson: Surroundings, S. 1 f. Benson verweist darauf, dass auch in der Biologie die Trennung in Umwelt und Organismen mittlerweile überholt ist. Ebd., S. 5. Vgl. etwa Ingold: Globes.

125 Radkau: Macht, S. 28.

126 Für dieses Beispiel Scherer: Denkbilder, S. 114 f.

127 Diese Aufzählung ist willkürlich Radkaus Gliederung entnommen und erhebt keinen Anspruch auf Vollständigkeit.

kann es nicht das Ziel sein, sich auf enge Definitionen festzulegen. Denn gerade das in der Anthropozän-Debatte postulierte Wirken der Menschheit und die enge Verzahnung von Erdsphären, von natürlicher und technologischer Sphäre erschüttern die Vorstellung von voneinander getrennten Bereichen. Vielversprechender für die Systematisierung und Erforschung durch die Geschichtswissenschaft erscheint es daher, in einem ersten Schritt abstrakte Naturbezüge zu differenzieren, deren inhaltliche Ausgestaltung jeweils historisch zu bestimmen ist. Der Philosoph Pierre Charbonnier benennt dafür drei »kollektive Beziehungen zur Natur«, um einer reduktionistischen Begriffsverwendung zu entgehen: Erstens die Sphäre der physischen Reproduktion, die auf »die Welt der materiellen Ressourcen« ausgerichtet ist, zweitens die Fragen des Raumes/der Territorialität und der Sicherheit und drittens die Sphäre der Ideen und Vorstellungen.[128] Eine nicht auf die Beziehung zum Menschen bezogene Definition sieht allerdings ein wesentlich breiteres Bedeutungsspektrum vor. Besonders leicht machte man es sich, würde man all das im Naturbegriff zusammenfassen, was die Naturwissenschaften als ihren Gegenstandsbereich definieren. Ob Quantentheorie, atlantische Umwälzzirkulation, evolutionäres Selektionsprinzip der Arten oder Migrationsrouten der arktischen Kurzschnabelgans: Theoretisch kann alles für eine neue Form der Geschichtsschreibung relevant sein. Praktisch hängt es, wie immer, vom Forschungsdesign ab.

128 Charbonnier: Überfluss, S. 40. Lorraine Daston diskutiert ›die Natur‹ als »gigantische Echokammer für die von Menschen gemachten moralischen Ordnungen«. Daston: Natur, S. 9.

Historische Betrachtungen der Natur

Die Beschäftigung mit der Natur ist der europäischen Geschichtsschreibung nicht fremd. Das Verhältnis von Menschheit und Natur wird seit der Antike immer wieder neu vermessen, und die Möglichkeiten des Menschen, an den natürlichen Bedingungen der Erde zu scheitern, prägen die Reflexionen nicht erst, seitdem die ökologische Prognostik in die öffentliche Debatte Einzug gehalten hat. Gerade die antike Tradition, namentlich Herodot und Thukydides, später aber auch Tacitus und andere, betrachteten die Natur als integralen Bestandteil der empirisch beschreibbaren Wirklichkeit und als historischen Faktor – teilweise erscheint sie in den antiken Schriften sogar als eigenständiger Akteur, der menschliches Handeln relativiert oder verunmöglicht.[129] Auch die frühneuzeitlichen Schriften, die sich im Kontext der kolonialen Entdeckungs- und Eroberungsfahrten der Portugiesen und Spanier entwickelten, basierten neben der Beobachtung menschlicher Vielfalt auf Beschreibungen von Landschaften und Lebewesen. Die spanischen conquistadores brachten sowohl neue Waren als auch neue Wissensbestände nach Europa, die die Vielfalt menschlicher und natürlicher Phänomene illustrierten und im 18. Jahrhundert zum Gegenstand welt- und naturgeschichtlicher Betrachtungen wurden. Generell intensivierte und differenzierte die erste imperiale Expansion auch die historischen Betrachtungsweisen. Die Vorstellungen von der Vergangenheit konnten, so Koselleck, zeitlich ausgedehnt werden.[130] Die Europäer trafen auf mündliche Überlieferungen, indigene Erinnerungskulturen und gezeichne-

129 Völkel: Geschichtsschreibung, S. 354; Woolf: Global History, S. 36; Demandt: Natur- und Geschichtswissenschaft, S. 60. Mein Dank geht an meinen Kollegen Christian Wendt.

130 Koselleck: Geschichte, S. 680.

te Chroniken.[131] Für frühneuzeitliche Geschichtsbetrachtungen war es nicht unüblich, Landschaft und Menschen in einem einleitenden Kapitel zu beschreiben, wie es auch in orientalistischen Werken des 19. und frühen 20. Jahrhunderts der Fall war.[132] Andere Autoren, wie zum Beispiel Oviedo (1478–1557), integrierten geografische Beschreibungen in ihre historischen Darstellungen und kombinierten Chronologie und Naturgeschichte.[133]

Die bis in die Antike zurückreichende historia naturalis kam bis zur Aufklärung noch ohne historische, d.h. evolutionäre Perspektive aus und konzentrierte sich auf das Sammeln, Klassifizieren und Darstellen der beobachtbaren (und auch nicht beobachtbaren) Organismen und Objekte aus den Bereichen der heutigen Botanik, Geologie, Zoologie, etc.[134] Dabei stand der enzyklopädische Anspruch im Vordergrund. Die von der Aufklärungsphilosophie als reine Mnemotechnik verfemte Systematik der natürlichen Welt, inzwischen Naturgeschichte genannt, geriet unter Beschuss, als die wissenschaftliche Entwicklung eine historische Veränderlichkeit der Natur nahelegte: »Neben die Naturgeschichte trat die Geschichte der Natur.«[135]

Temporalisierung der Natur um 1800

Die Verzeitlichung betraf um 1800 insbesondere die Astronomie, Geologie, Chemie, Biologie und Botanik,[136] also

131 Woolf: Global History, S. 235 ff., 248 f.

132 Ebd., S. 239.

133 Ebd., S. 240.

134 Hofbauer: Revolution, S. 13; Findlen: Natural History.

135 Demandt: Natur- und Geschichtswissenschaft, S. 38; vgl. auch Lepenies: Ende; Koselleck: Geschichte, S. 678–682.

136 Demandt: Natur- und Geschichtswissenschaft, S. 43. Demandt benennt vor allem Karl Marx für die Ökonomie, Charles Darwin für die Biologie und Auguste Comte für die Philosophie und den Positivismus als Beispiele für »naturwissenschaftlich geprägte[s] Geschichtsdenken.«

jene Wissenschaften, die von der europäischen Expansion in die Welt profitiert hatten und mit neuen wissenschaftlichen Methoden und Instrumenten die Entwicklungsgeschichte der natürlichen Umwelt zu entwerfen begannen.[137] Zwar war das Sammeln von Fossilien – als naturgeschichtliche Zeugnisse und als »versteinerte Organismen« – bereits seit dem 17. Jahrhundert zu einem »Breitensport«[138] geworden, aber erst in der Sattelzeit erhielten sie ihren systematischen Platz in den neuen Vorstellungen von der Erdgeschichte.[139] Auch wenn sich die Wissenschaftler nicht immer sicher waren, ob es sich bei den Fossilien um ausgestorbene oder bislang unentdeckte Arten handelte, führte die Erkenntnis, dass durch Naturkatastrophen Organismen von der Erde verschwunden waren, zu einem Paradigmenwechsel, in dessen Gefolge die Paläontologie entstand.[140] Parallel dazu nahm die Lesbarkeit der Gesteinsschichten – »die Übersetzung einer räumlichen Abfolge von Gesteinsschichten in eine zeitliche Ordnung« – zu und fand ihre Darstellung in immer detaillierteren geologischen Karten.[141] Auf dieser Grundlage statteten die Werke von Georges Cuvier (1769–1832) »Discours sur les Révolutions de la surface du Globe« (1825), Charles Lyell

Weiter führt er auch die biologistische, rassistische Geschichtstheorie als eine das Ende des 19. Jahrhunderts prägende Denkrichtung an, in der Geschichte und naturwissenschaftliche Prozesse zusammengedacht wurden.

137 Jordheim: Stratigraphies, S. 26. Ob die Verzeitlichung allein als Reaktion auf den durch die Eroberung mit fremden Objekten und Artefakten überfüllten Schreibtisch der Wissenschaftler zu sehen ist (also die Enge des Raumes lässt die Suche nach Tiefe in der Zeit entstehen), muss hier offenbleiben. Für diese Kritik vgl. Blasius: Zu Wolf Lepenies.

138 Hofbauer: Revolution, S. 47.

139 Vgl. Rappaport: Geologists; Rudwick: Limits of Time; Rudwick: Deep History. Für die Geschichte von Mary Anning, der bekannten englischen Fossiliensammlerin, vgl. Torrens: Mary Anning.

140 Gould: Zufall Mensch; Sepkoski: Catastrophic Thinking.

141 Hofbauer: Revolution, S. 29.

(1797–1875) »Principles of Geology« (1830–1833) und Charles Darwin (1809–1882) »Origins of Species« (1859) die Natur mit Geschichte und evolutionären Gesetzmäßigkeiten aus. Die europäische Trennung von Natur- und Menschheitsgeschichte kann in diesem Sinne auch als eine säkulare Absetzbewegung von der biblischen Schöpfungsgeschichte und ihrem »Zeitmaßstab« verstanden werden.[142] Empirische Vielfaltsdiagnosen und die Diskussion um die Entstehung der Erde versetzten dem biblischen Sechs-Tage-Narrativ zwar noch nicht den endgültigen Todesstoß, aber die bereits in der Frühen Neuzeit begonnene Tendenz beschleunigte sich.

Die europäischen Zeitgenossen des 18. und 19. Jahrhunderts glaubten, den determinierenden Wirkungen der Natur (vor allem in Form von Missernten und Naturkatastrophen) zunehmend erfolgreich begegnen und sie kontrollieren zu können, sei es durch verbesserte Transportwege für den Warenverkehr oder später durch Versicherungen und den Bau von Dämmen.[143] Mit den technischen Errungenschaften der wissenschaftlich-industriellen Revolutionen wuchs zumindest in den sich industrialisierenden Regionen das Selbstbewusstsein, die Naturgesetze aus eigener Kraft antizipieren und die Ressourcen der Natur in die kapitalistischen Ökonomien einspeisen zu können. Diese Prozesse gingen einher mit einem neuen Verständnis von Natur, wie die Umwelthistorikerin Erin S. Mauldin argumentiert: »Nature was no longer an actor in human stories but rather something passive to be classified, studied, and manipulated for human (and often imperial) gain.«[144]

142 Bonneuil/Fressoz: Shock, S. 27; Hofbauer: Revolution, S. 16–18.

143 Zu den verschiedenen Techniken und Repräsentationen natürlicher Gefahren seit dem späten 18. Jahrhundert vgl. Hennig: Kalkulierte Gefahren.

144 Mauldin: Environment History, S. 4.

Erdgeschichte und Naturgeschichte wurden zu wissenschaftlichen Disziplinen, doch ihr Zeitverlauf erschien der sich ebenfalls professionalisierenden Geschichtswissenschaft zu langsam und ihr Gegenstandsbereich zu groß. Mit dem Aufkommen des Kollektivsingulars »Geschichte« im späten 18. Jahrhundert ging die Vorstellung einher, dass es möglich (und notwendig) sei, eine »single unified story of the human past«[145] zu erzählen.[146] Der sich gleichzeitig etablierenden Geologie wiederum galt die menschliche Zeit zu marginal, um in den Radius ihrer Aufmerksamkeit zu gelangen.[147] Die Geschichtswissenschaft distanzierte sich von der Naturgeschichte (auch von der Nähe zur Natur) und wurde durch ihre enge Bindung an den Nationalstaat zu einer der Leitwissenschaften des 19. Jahrhunderts.[148]

Disziplinäre Exklusionen

Doch nicht jede menschliche Geschichte sollte erzählt werden, denn die Geschichtsschreiber des 18. und die Historiker des 19. Jahrhunderts schlossen bestimmte Menschengruppen von der Geschichte aus.[149] In der Geschichtsschreibung und -philosophie der Aufklärung wurden die mündliche Überlieferung der Vergangenheit und das Fehlen von Schriftlichkeit zu Kriterien für die Staatenlosigkeit und Ahistorizität von Kulturen erklärt. Die zunehmende Diffamierung oraler Überlieferungen ging einher mit der Exklusion des Schriftlosen aus den historischen Darstellungen der Europäer; eine Bewertung, die sich erst mit dem Ritterschlag der Oral History als legitimer wissenschaft-

145 Mink: Narrative Form, S. 140. Hier zitiert nach Fulda: Historiographic Narration.

146 Koselleck: Geschichte, S. 647 f.

147 Bonneuil/Fressoz: Shock, S. 29.

148 Woolf: Global History, S. 353, S. 378.

149 Marx: Völker.

licher Methode im späten 20. Jahrhundert veränderte. Die zunehmende Fokussierung der europäischen Geschichtswissenschaft auf Staatlichkeit und die Nation sowie auf das im schriftlichen Dokument konservierte und verifizierte Ereignis intensivierte die bereits zuvor hergestellte Beziehung zwischen Schriftlosigkeit und Ahistorizität. Im 19. Jahrhundert, so die Historikerin Lisa Regazzoni, »geriet die Schrift sowohl zum zeitlichen Trennungskriterium zwischen Prähistorie und Geschichte als auch zur räumlichen Zäsur zwischen der Vergangenheit der ›Völker ohne Geschichte‹ und derjenigen Europas und schließlich zur heuristischen Abgrenzung zwischen der Forschung, die im Universitätskontext betrieben, und der als laienhaft angesehenen Geschichte, die in den bürgerlichen Geschichtsvereinen und -museen gepflegt wurde.«[150] Die Fokussierung auf das schriftliche, in staatlichen Archiven verwahrte Dokument hatte neben der Abgrenzung von anderen, neu entstehenden Disziplinen und der Verfestigung des eurozentristischen Zentralnarrativs der Geschichtslosigkeit zur Folge, dass auch die Überreste der Natur – Fossilien, Skelette, Gestein, aber auch zunehmend Wetter- und Klimadaten – nur bedingt Eingang in das Quellenkorpus der universitär verankerten Historiker fanden. Nicht nur die deutsche Geschichtsschreibung des 19. Jahrhunderts, sondern auch andere europäische Historiker machten unmissverständlich klar, dass Gegenstände, die keine schriftliche Überlieferung gefunden hatten, in den Zuständigkeitsbereich der Naturwissenschaften, der Naturgeschichte oder anderer Geisteswissenschaften fallen sollten.[151] Und dies, obwohl die Natur gerade erst »dynamisiert« worden

150 Regazzoni: Gedanken, S. XIV f.

151 Ebd., S. XXIII. Die Diskussion über die Bedeutung des »Überrestes« bei Droysen wird hier außen vor gelassen.

war und »damit einer Geschichte im modernen Sinne fähig« war.[152]

Von »Geist« und »Kreisläufen«

Darüber hinaus tradierten führende Vertreter des Faches aber weiterhin ein religiöses Verhältnis zur Natur als Schöpfung. So betonte Johann Gustav Droysen (1808–1884) in Anlehnung an die Genesis die Sonderstellung des Menschen, der mittels seines »Geistes« dem »rastlosen Staubwirbel« und den »chaotisch uns umflutenden Endlichkeiten, der wirren Vielheit wechselnder und schwankender Erscheinungen« gegenüberstehe, und evozierte damit zugleich ein Bild aus der Naturgeschichte.[153] Der Mensch, so Droysen, tritt aus diesem chaotischen Sumpf heraus durch die Fähigkeit zur kognitiven Kategorisierung und sprachlichen Benennung seiner Umwelt: »Die Rose – ein Wort für zahllose Einzelheiten – unterscheidet er von der Nelke; aber das in ihnen Gleiche auffassend nennt er sie Blumen; sie sind ihm wie die Sträuche[r], die Gräser Pflanzen; die Pflanzen sieht er sehr verschieden vom Tier, aber sie entstehen, wachsen, vergehen beide in ähnlicher Art; dies ihr Leben unterscheidet ihm die organische Welt von Stein und Meer und Flamme usw. Es sind immer umfassendere Formen, immer allgemeinere Begriffe, die er so entwickelt und anwendet.«[154]

Die benennende, klassifizierende und ordnende Fähigkeit des Menschen führe dazu, dass manche »Erscheinungs-

152 Koselleck: Geschichte, S. 681. Diese Konzentration auf die schriftliche Überlieferung wurde unbeabsichtigt aktualisiert durch den methodischen Paradigmenwechsel der Historischen Semantik, deren Umsetzungen sich gerade in oral dominierten historischen Gesellschaften schwierig gestaltet. Steinmetz/Freeden: Conceptual History, S. 2; Stephens: Conceptual History.

153 Droysen: Historik, S. 471 f.

154 Ebd., S. 473.

reihen« eher zeitlich, andere eher räumlich gesehen würden, aber immer als Gegensätze miteinander verbunden seien, so Droysens berühmte Formulierung. Räumlich seien die Erscheinungen, deren Zeitlichkeit sich periodisch wiederhole, womit sie aus dem Kreis der geschichtlichen Phänomene ausgeschlossen seien, da die Zeitlichkeit »zu einem sekundären Moment« herabgesunken sei.[155] Damit schloss Droysen die Natur aus dem Gegenstandsbereich der Geschichtswissenschaft aus, weil sie für ihn Regelmäßigkeiten verkörperte und sich nicht durch »Geist«, sondern gesetzmäßig entwickelte.[156] Die Natur sei »nur Material; in seinen individuellen Erscheinungen ist es uns verschlossen, unverständlich, gleichgültig.« Die Natur erscheine dem menschlichen Geist als Verwertungsobjekt: Am Baum interessiere den Menschen nur seine Qualität als Bau- und Brennstoff, am Tier nur der Raub der »für ihre Jungen sich erzeugenden Milch«.[157] In weiteren, psychologisch nicht uninteressanten Ausführungen definierte er die sexuelle Lust und den »Trieb der Begattung« als ebenfalls der Zeitlichkeit enthobene Phänomene, deren »rastlos flutende und schwellende Schicht« nicht zur Geschichte gehöre, wenngleich sie, wie er zugeben konnte, nicht von »geringerer Realität« seien.[158] Sittliche Macht entstehe aber erst durch das über den Trieb hinausreichende Eheleben, durch die gemeinsamen Erinnerungen, Sorgen, Hoffnungen und Verluste, die die Geschichte einer Ehe begründeten. Geschichte sei »nicht die Kontinuität eines in sich

155 Ebd., S. 475.

156 Lepenies: Ende, S. 27. Vgl. dazu auch aus ökofeministischer Perspektive: Merchant: Tod der Natur.

157 Droysen: Historik, S. 476.

158 Ebd., S. 477. Caroline Arni und Milo Probst erinnern daran, dass auch Karl Mannheim dieser Sichtweise verbunden war. Arni/Probst: Natur – Kultur.

zurückkehrenden Kreises, einer sich wiederholenden Periode, sondern die einer unendlichen Reihe, und zwar so, daß in jedem Neuen schon ein weiteres Neues keimt und sich herausarbeiten wird.«[159]

Die sittliche Welt der Menschen, und damit verbunden der Staaten, erklärte Droysen zum zentralen Gegenstand der Geschichte und leitete daraus auch andere wissenschaftliche Methoden ab.[160] Die wichtigste Frontstellung in der Selbstdefinition der Geschichtswissenschaft als Disziplin bildete die Auseinandersetzung mit den sich seit den 1830er Jahren in Europa rasant entwickelnden Naturwissenschaften, die mit ihrem damaligen Anspruch auf exakte Beobachtung und Beschreibung von auf menschliche Gesellschaften übertragbaren Gesetzmäßigkeiten die Geschichtswissenschaft herausforderten. So ist auch Droysens Abkehr von der »Natur« als Gegenstand der Geschichtswissenschaft nur vor dem Hintergrund der damaligen Diskussion um die Partikularität wissenschaftlicher Methoden zu verstehen.[161] Die deutschsprachige »Historik« des 19. Jahrhunderts entwickelte sich geradezu in Abgrenzung zu den Naturwissenschaften.[162] Die disziplinäre Abgrenzung der Geschichtswissenschaft gegen die Natur- und

159 Droysen: Historik, S. 475.

160 Mehr: Kultur als Naturgeschichte, S. 19.

161 Schleier: Kulturgeschichtsschreibung, S. 507. Unberücksichtigt blieb bei Droysen auch die Historisierungstendenz in den Naturwissenschaften und anderen Wissenschaften: Schleier nennt die Entwicklung in der Geografie und Geologie, in der Biologie, in Evolutionstheorie und Anthropologie. Ebd., S. 507 f.

162 Demandt: Natur- und Geschichtswissenschaft, S. 50. Deren Angriffe auf die Geschichtswissenschaft wiederum, dass diese keine Wissenschaft verträte, waren ebenso virulent und führten zu den viele Jahrzehnte gepflegten Streitgesprächen über wissenschaftliche Methodik. Später weitete sich die Gegnerschaft gegenüber allen generalisierenden Geistes- und Sozialwissenschaften, wie Soziologie, Ökonomie, Psychologie, aus. Vgl. dazu Lorenz: Konstruktion.

auch die Ingenieurwissenschaften war besonders in den deutschen Staaten deutlich ausgeprägt.[163] Die Exklusion der Natur aus dem Gegenstandsbereich der Geschichtsschreibung prägte aber auch andere nationale Historiografien, etwa mit Croce und Vico in Italien oder Collingwood in Großbritannien. Der Zentralakteur des Historismus war eine sich wandelnde, denkende und handelnde Einheit (etwa der Mensch/Mann, der Staat, die Nation), die die Historiker über die Analyse schriftlicher Quellen rekonstruierten. Dies wurde zur Grundlage der professionellen Geschichtswissenschaft auch und gerade im Dienst der Nationalstaaten in Italien, Frankreich und Deutschland.[164] Die Zeit erhielt Vorrang vor dem Raum.[165]

Warum, so wird man zu Recht einwenden, sind diese Äußerungen eines längst verstorbenen, im deutsch-protestantischen Denkraum verhafteten Historikers für uns heute noch von Bedeutung? Sie sind als Gründungsdokument der modernen deutschen Geschichtswissenschaft zu lesen, als traditionsreiche und hartnäckige Kontrastfolie, gegen die nachfolgende Generationen anschreiben mussten, wenn sie für veränderte Perspektiven plädieren wollten. Vor diesem Hintergrund wird verständlich, wie vorsichtig Fernand Braudel seine Aufmerksamkeit für geologische und geografische Gegebenheiten in den Radius der Zeitlichkeit rückte: Sie veränderten sich zwar langsam, manchmal nur schwer wahrnehmbar, seien aber nicht allein der periodischen Zeitlichkeit verpflichtet. Wenn sich aber nicht nur die Geologie und Geografie einer Landschaft verändern, sondern auch die Atmosphäre und die Hydrosphäre – um auf das Denken des Anthropozän zurückzukom-

163 Demandt: Natur- und Geschichtswissenschaft, S. 49.
164 Ebd., S. 51; Woolf: Global History, S. 353.
165 Koselleck: Raum und Geschichte, S. 80 f.

men – sich in der Zeit wandeln, sich teilweise sehr schnell verändern oder sogar ihre zyklische Zeitlichkeit verlieren, dann sind sie doch legitime Gegenstände der Geschichtswissenschaft.

Raum und Landschaft

Es wäre allerdings ein Irrtum, aus den disziplinären Grenzgefechten abzuleiten, dass die Ausrichtungen der historisch arbeitenden Disziplinen – Kulturgeschichte, Archäologie, Ethnologie/Anthropologie, Historische Geografie, Historische Linguistik – im geschichtswissenschaftlichen Denken des 19. Jahrhunderts keinen Platz innehatten. Historiker haben die Erkenntnisse anderer Wissenschaften wahrgenommen. Dies gilt in besonderem Maße für die Historische Geografie, die sich in einer Art »Zwischenlage« zwischen Natur- und Geisteswissenschaften befand.[166] Es gibt auch einige Beispiele dafür, dass Historiker für die Integration der physischen Landschaft in die historische Analyse plädiert haben. Neben der französischen Tradition der Annales-Schule, auf die stets Bezug genommen wird, ist vor allem der britische Historiker Hereford Brooke George (1838–1910) zu nennen, der sich Geschichte ohne Geografie nicht vorstellen konnte, ja, der Geografie und dem Klima sogar determinierende und den freien Willen einschränkende Wirkungen zuschrieb:

> No one will deny, however firmly he insists on believing in free will, that the destinies of men are very largely determined by their environment. [...]. Climate determines what men's food shall be, at any rate before extensive commerce has been developed [...]. The physical features of the earth, sea, mountains &c., go far to fix

166 Ebd., S. 80.

> their occupations, and to decide whether they are to live within reach of easy intercourse with their neighbours. The aspect of nature about them colours, and to a certain extent suggests, their ideas and beliefs.[167]

Bereits die Frontier-These des amerikanischen Historikers Frederick J. Turner verwies auf den Zusammenhang von Natur und Besiedlung und nahm damit den spatial turn der letzten Jahrzehnte in der Geschichtswissenschaft vorweg.[168] Mit dem spatial turn hat die Zentraldimension ›Raum‹ gegenüber ›Zeit‹ vor allem in den über die traditionelle Nationalgeschichtsschreibung hinausgehenden Richtungen der Globalgeschichte und der Transnationalen Geschichte an interpretatorischer Relevanz gewonnen.[169] Allerdings wird ›Raum‹ in diesen Richtungen häufig als politische Einheit, als (bewegliche) Grenze und als anthropogener Handlungsraum gedacht. Natur und Geografie, Bio- oder Hydrosphäre werden in diesen Forschungsrichtungen zumeist nicht mitgedacht. Lediglich die Umweltgeschichte hat auf den spatial turn nicht nur mit einer Ausweitung ihrer Untersuchungsregionen, sondern auch mit einer stärkeren Hinwendung zu naturräumlichen Komponenten und Mensch-Natur-Beziehungen reagiert. Exemplarisch für diese Richtung sind Studien, die Raum, Natur, Geschlecht und race miteinander verknüpfen,[170] etwa in der Konstruktion von *wastelands* einerseits und versicher-

167 George: Geography and History, S. 7. Den hier beschriebenen Determinismus der Geografie nehmen insbesondere einige Versionen der Big und Deep History wieder auf. Vgl. Conrad: Global History, S. 145.

168 Turner: Frontier.

169 Baker: Geography, S. 16.

170 Die engen Beziehungen zwischen Raum, Natur und Körper sind in der Geografie in den letzten Jahren unter dem Label *Hybrid Geographies* diskutiert worden. Vgl. Whatmore: Hybrid Geographies.

heitlichten Lebensräumen weißer Mittelschichten andererseits. Die Produktion sicherer Lebensräume in den Vorstädten der USA während des Kalten Krieges basierte auf bürgerlichen Geschlechterverhältnissen und Kleinfamilien, der Vorstellung weiblicher Häuslichkeit und mittelständischen Eigentumsverhältnissen. Der Einsatz neuer Haushaltstechniken, die Elektrifizierung der Haushaltsführung[171] und die energieintensive Domestizierung der Vorgärten gehörten ebenso zu dieser Welt wie die Abwesenheit von Schmutz und sichtbarer Umweltzerstörung. Diese Räume sollten frei von Müll, Umweltgiften und Atommüll sein. *Wastelands* hingegen waren die akzeptierten Ruinen dieses Prozesses der Versicherheitlichung, wie Paulla Ebron und Anna Tsing argumentieren.[172] Sie waren »Opferzonen« für afroamerikanische und indigene Familien. Diese Familien wurden als Arbeitskräfte in der Nähe von Uranminen, petrochemischen Industrien oder anderweitig vergifteten Landschaften angesiedelt oder zurückgelassen. Die Stadt Flint in der Nähe von Detroit, dem ehemaligen Stammsitz von General Motors, ist ein anschauliches Beispiel für eine solche räumliche Segregation, die auf sozialer Ungleichheit und Rassismus beruht.[173] Im Jahr 2014 verzichtete die Stadt darauf, ihr Trinkwasser weiterhin aus dem Huronsee zu beziehen, und entnahm es aus Kostengründen aus dem Fluss Flint. Der Fluss war durch Chemikalien, die von der lokalen Industrie in das Wasser eingeleitet wurden, stark verschmutzt und löste Blei aus den alten Leitungen. Das bleiverseuchte Trinkwasser führte zu Krankheiten, hohen Wasserkosten, Wertminderung von Immobilien und er-

171 Vgl. den Sammelband Moore/Sandwell (Hg.): New Light.

172 Ebron/Tsing: Feminism.

173 Frazier: Flint. Die *wastelands* in der Nähe der Ölförderung am Niger oder die südafrikanischen Plastikmülldeponien sind vergleichbare naturräumliche Zonen.

schwerte alltägliche Verrichtungen wie Zähneputzen. Wasserverschmutzung und die damit verbundenen Krankheiten und körperlichen Belastungen im Familien- und Haushaltsleben wurden von Frauen oft intensiver erlebt als von Männern.[174]

Die bisherigen Ausführungen verdeutlichen, wie stark die wissenschaftliche Sicht auf Natur von Konzepten der Zeitlichkeit bestimmt ist. Die Geologie und Historische Geografie entwickelten sich im Zeitalter der Aufklärung, als Wissenschaftler und Sammler begannen, die Geschichte des Planeten Erde zu erforschen. In der Folge grenzten sich viele Historiker in ihrem Bemühen, ihre eigene Disziplin zu begründen, von der Natur als Gegenstand aufgrund der ihr zugeschriebenen zyklischen, langsamen oder nicht vorhandenen Zeitlichkeit ab. Die andere wesentliche Begründung der Disziplin, die Schriftlichkeit der Quellen, zog die Grenze zur Archäologie und Anthropologie. Wissenschaftliche Reflexionen in den disziplinären Grenzräumen waren jedoch stets präsent. Frühe Kulturhistoriker, naturwissenschaftlich orientierte Historiker und die Annales-Schule bildeten wichtige Traditionslinien für die in den 1970er Jahren entstehende Umweltgeschichte. Letztere hatte es freilich eilig, sich von der deterministischen Logik einiger Kollegen, wie beispielsweise H.B. George, zu distanzieren, und stand daher eher in der Tradition von Lucian Febvre und Fernand Braudel, der Historischen Geografie und der sich später entwickelnden Ökologie. »Umwelt« wurde nun als temporalisierte Natur verstanden, wie der Historiker Sverker Sörlin betont. »Umwelt« wurde zu dem Raum, auf den der Mensch einwirkte, sodass die Natur aus dem Takt geriet.[175] Seit ihren Anfängen hat auch die Um-

174 Dies gilt bis heute, zeigen Untersuchungen der Development Studies. Vgl. Pearse: Gender and Climate.

175 Sörlin: Environmental Times.

weltgeschichte ihren Natur- und Umweltbegriff deutlich historisiert und theoretisiert.[176] Ausgehend von den Überlegungen David Worsters und William Cronons seit den 1980er Jahren, sind in den letzten Jahrzehnten die vielfältigen Natur-Kultur-Beziehungen in den Mittelpunkt gerückt.[177] Im Rahmen der Etablierung als wissenschaftliche Teildisziplin, die anfangs eng mit der Umweltbewegung verbunden war, wurden Lehrstühle, Verbände und wissenschaftliche Publikationsorgane begründet. So hilfreich die Selbstdefinition als eigenständige Teildisziplin für die wissenschaftspolitische Platzierung in der Universität war, so hinderlich ist dieser Prozess für die Verallgemeinerung und Dissemination umwelthistorischer Perspektiven – ein Dilemma, das die Umweltgeschichte übrigens mit der Geschlechter- und Wirtschaftsgeschichte oder den Area Studies teilt. Die bislang vorliegenden Entwürfe einer Geschichtswissenschaft im Anthropozän weisen zudem mit der planetarischen Dimension weit über den von der Umweltgeschichte lange Zeit favorisierten Menschen als biologischen Akteur hinaus. Chakrabarty hat 2009 auf die Differenz in der Skalierung zwischen diesem Konzept und dem des geologischen Akteurs des Anthropozäns hingewiesen.[178] Die Gesellschaften, die viele von uns und zukünftige Historikerinnen beschäftigen werden, lassen diese Trennung und Spezialisierung jedoch nicht mehr zu, denn die zum Teil mit großem disziplinären und intellektuellen Aufwand aufrechterhaltenen Grenzen zwischen Natur und Kultur, zwischen natürlicher und menschlicher Zeitrechnung brechen im Anthropozän zusammen, betont der Wissenschaftshistoriker Jürgen Renn:

176 Warde et al.: Environment.
177 Worster: Natural History; Cronon: Wilderness.
178 Chakrabarty: Climate of History, S. 31.

> Given the massive impact of human intervention on the planetary environment, the traditional line between nature and culture has become problematic. We are living in an ›anthropological nature‹ resulting from our own interventions. Furthermore, the timescale of human history has become intrinsically meshed with the geological timescale. Our economic metabolism feeds on fossil energy, consuming within a time span of hundreds of years resources that have been created over hundreds of millions of years. Just as geological time is turned into historical time, our impact as a geological force turns human history into a significant part of geologic history.[179]

Es scheint, dass die vertrauten Fundamente moderner geschichtswissenschaftlicher Vorstellungen von Zeit und Raum, die zu einer weitgehenden Exklusion naturräumlicher Perspektiven geführt haben, wieder in Bewegung geraten. Die Statik der Natur als Bühne menschlicher Gesellschaften ist eine überholte Idee aus dem 19. Jahrhundert.

2.3. Ist es wirklich schon zu spät?

Zeitfragen stehen nicht nur im Zentrum der Anthropozän-Debatte, auch in der Geschichtsphilosophie und Geschichtstheorie hat Zeit Konjunktur. Historiker weisen auf die Pluralität von Zeitvorstellungen hin, differenzieren die historische Zeit, die klassische Vorstellung einer Einteilung in Vergangenheit, Gegenwart und Zukunft, aus und ersetzen diese durch multitemporale Denkmodelle.[180] Kritisiert wer-

179 Renn: Knowledge, S. 6; vgl. auch die überzeugende Kritik von Horn/Bergthaller: Anthropozän, S. 75 ff., an der Suche nach neuen Ontologien.

180 Simon/Tamm: Historical Time; Lorenz/Bevernage: Breaking Up Time; Jordheim: Introduction; Landwehr: Geburt der Gegenwart; Landwehr: Diesseits der Geschichte.

den vor allem die Annahme linearer Zeit und die Vorstellung global gültiger Epocheneinteilungen. Auch in anderen Disziplinen rücken die pluralen Temporalitäten von Wissenschaft und Natur zunehmend in den Blick.[181] Zeit ist auch zentral für die Prognosen in den Berichten des IPCC, die ihre Modelle stets mit Zeit in Beziehung setzt.[182] Populärwissenschaftliche Bücher haben dies aufgegriffen, zum Beispiel David Wallace-Wells in »Die unbewohnbare Erde«.[183] Auch in der Populärkultur ist dieser Trend zu beobachten. Die vormalige Fixierung des klassischen Science-Fiction-Films auf die Zukunft scheint überholt. Das Genre hat seine zeitlichen Bezüge erweitert: Stattdessen garantiert Transtemporalität in Form von Zeitreisen aus der oder in die Vergangenheit – neben anderen mitreißenden Elementen – Serien wie »Outlander» oder »Beforeigners« hohe Einschaltquoten.[184]

Eine naheliegende, wenn auch triviale Ursache für den schon seit einigen Jahren anhaltenden Zeittrend mag in der wahrgenommenen Krisenhaftigkeit der Gegenwart und der durchweg als krisenhaft beschriebenen Zukunft liegen. Die Fragen, wie viel Zeit der Menschheit noch bleibt, um das Ziel des Pariser Klimaabkommens, die globale Erderwärmung auf 1,5 Grad Celsius zu begrenzen, einzuhalten, oder wie viel Zeit noch bleibt, um das massenhafte Artensterben oder das Abschmelzen des grönländischen Eisschildes aufzuhalten, prägen unsere täglichen Nachrichten. Ist die Zeit aus den Fugen geraten, mit dieser Frage brachte Aleida Ass-

181 Bouton/Huneman: Time of Nature; Ekström/Bergwik (Hg.): Times of History.

182 Wormbs: Model Time, S. 286.

183 Auf das Beispiel weist hin Isberg: Temporalities.

184 Zur Analyse historischer Romane und dem Phänomen der Zeitreise etwa in Diana Gabaldons' »Outlander« vgl. Fulda: Time Travel; über »Beforeigners« Saunders: Out of time.

mann 2013 den wissenschaftlichen Trend auf den Punkt.[185] Das Anthropozän ist demnach nur einer von vielen Versuchen, die als krisenhaft empfundene Gegenwart und Zukunft zu bewältigen und sie als neue Epoche zu domestizieren.[186] Allerdings, auch wenn in vielen Bereichen von Kultur, Wissenschaft und Politik Fragen von historischer oder zukünftiger Zeit, von Erinnerung und Gedächtnis, der Zeiteinteilung oder der Multitemporalität diskutiert werden, zeichnet sich unter dem Schlagwort des Anthropozäns eine kommunikative Verdichtung und Diskurshoheit ab. Die Zeit der Natur scheint sich der Zeit des Menschen anzunähern. Ähnlich wie bei der Frage nach der Ausdehnung des Untersuchungsraums ergeben sich jedoch aus der Begegnung mit geologischen und natürlichen Zeitskalen disziplinäre Probleme für die Geschichtswissenschaft.[187]

Multiple Zeiten

Vom Anthropozän war noch keine Rede, als Reinhart Koselleck 1986 in seinem Text »Raum und Geschichte« vorhersagte, dass sich die natürlichen, geografischen Bedingungen durch den »Klimawechsel« von einer metahistorischen Vorgabe (Kosellecks Begriff für die Naturgeschichte) in eine historische Vorgabe (ergo Menschenzeit) verwandeln und damit zu einer legitimen »Fragestellung der Historik«[188] würden. Er unterschied »zeittheoretisch« klar zwischen natürlichen und menschlichen Wiederholungsstrukturen.[189] Dem Geschichtstheoretiker rückte 1986 jedoch Tschernobyl »durch die Luft auf den Leib«,

185 Assmann: Aus den Fugen.

186 Landwehr: Diesseits der Geschichte, S. 13.

187 Eine gute Einführung in die »Tiefenzeit« findet sich in: Horn/Bergthaller: Anthropozän, S. 196–212.

188 Koselleck: Raum und Geschichte, S. 87.

189 Koselleck: Einleitung, S. 13.

worin er eine unausweichliche »Interdependenz unseres globalen Raumes« sah. Bereits in seinem Vortrag war angedeutet, dass sich die langsamen Bedingungen der Naturgeschichte beschleunigen und die »fragwürdige Opposition zwischen Natur und Geschichte« infrage stellen könnten.[190] Für Koselleck war die Verzeitlichung der Wissenschaften um 1800 die Ursache für das moderne Zeitregime, das seiner Meinung nach viel zu eng gefasst war, um die verschiedenen Temporalitäten zu erfassen. Seine Schriften lassen sich als eine ständige Auseinandersetzung mit diesem Prozess und seinen Folgen verstehen. Vor allem seine Konzeption der modernen Zukunft – als offen, unbekannt und nicht von einer höheren Macht bestimmt – hat die historische Zukunftsforschung geprägt. Es scheint jedoch, dass dieses von Koselleck und anderen identifizierte Charakteristikum der Moderne von den Zeitskalen und Prognosen des Anthropozäns überholt wird.

Die Geschichtswissenschaft entfernte sich aufgrund der Verzeitlichung der Wissenschaften nicht nur von der »Natur« und den schriftlosen Überlieferungen, sondern auch von den Erdschichten, die immer stärker in den Mittelpunkt geologischer Interessen rückten. Beide Disziplinen – Geologie und Geschichtswissenschaft – entwickelten sich parallel, beide beschäftigten sich mit vergangenen Zeiten.[191] Mit einer gewissen Nostalgie erinnerte Koselleck daran, dass »ehedem Natur und Menschenwelt als Einheit« begriffen wurden.[192] Nicht umsonst benannte er seine Vor-

190 Koselleck: Raum und Geschichte, S. 79. Koselleck sorgte sich um den allgegenwärtigen und den, wie er meinte, immer domestizierenderen Zugriff der Menschen auf die Natur: »Bald verwandelt sich unser Globus vielleicht in einen einzigen Zoo, bei dem man sich nur fragt, wer von uns hinter wessen Gitter hockt.« Ebd., S. 84.

191 Jordheim: Stratigraphies, S. 25.

192 Koselleck: Raum und Geschichte, S. 96.

stellungen von Multitemporalität metaphorisch nach stratigrafischen Sedimenten: Koselleck benutzte geologische Idiome, um die multiplen Zeitlichkeiten der menschlichen Zeit zu verdeutlichen.[193] Zeitschichten (in der englischen Übersetzung neuerdings: sediments of time) schienen nicht nur ihm ein adäquates Bild, viele andere folgen ihm heute mit dieser stratigrafischen Imagination räumlich geronnener Zeiten.[194]

Geologische und geschichtswissenschaftliche Zeiten

Dipesh Chakrabarty griff 2009 im Dunst der anschwellenden Anthropozän-Debatte die Frage nach dem Verhältnis von geologischer und menschlicher Zeit wieder auf. Als einer der ersten Historiker fragte er, wie sich der planetarische/geologische Zeithorizont (als Zeit des Universums) zum menschlichen Zeithorizont verhält, und schlug vor, die Zeithorizonte der Geschichtswissenschaft in geologischer Richtung zu erweitern.[195] Auch Jürgen Renn fordert die Geschichtswissenschaft auf, konsequent multitemporal zu sein, das heißt geologische Zeithorizonte zu integrieren.[196] Dies wirft eine Reihe von praktischen und theoretischen Problemen auf, die ich im Folgenden erörtern möchte. Kon-

193 Koselleck: Einleitung; auch Jordheim: Stratigraphies, S. 31.

194 Chris Lorenz kritisiert die einseitige Nutzung dieser geologischen Metapher, die nicht zwischen undeformierten und linearen Sedimentschichten einerseits (in der sich das neueste Sediment immer oben auf die jüngste legt und unten die älteste Schicht liegt, also keine Gleichzeitigkeit des Ungleichzeitigen sichtbar wird, wie Koselleck assoziierte) und deformierten, gefalteten Gesteinsschichten andererseits, die unterschiedlich alte Schichten an die Oberfläche bringen, unterscheidet. Letztere käme der Idee Kosellecks vielleicht nahe, basiere aber nach wie vor auf einer chronologischen Abfolge von Gesteinsschichten. Lorenz: Metaphor. Helge Jordheim jedoch nimmt die Stratografie zur Grundlage seiner geschichtstheoretischen Überlegungen.

195 Chakrabarty: Climate of History.

196 Renn: Geoanthropology.

zentrieren wir uns für einen Moment auf die Kombination zweier Zeiten, der geologischen und der menschlichen Zeit. Was ist geologische Zeit, wie wird die Geological Time Scale (GTS) erstellt? In der Geologie wird die Zeit des Universums hierarchisch in Äon, Ära, Periode, Epoche und Alter eingeteilt. Die Zeitspannen werden immer feiner und reichen von mehreren hundert Millionen Jahren bei einem Äon bis zu Tausenden von Jahren im Falle eines Alters. Die Länge der Zeiteinheiten kann jedoch stark variieren. Die jeweiligen Zeiteinheiten folgen linear aufeinander. Die Internationale Chronostratigraphische Tabelle veranschaulicht die geologischen Zeitdimensionen, die etwa 4,6 Milliarden Jahre umfasst. Das menschliche Leben macht in diesen Zeitskalen nur einen winzigen Anteil aus. (Abb. 4)

Zur Verdeutlichung der möglichen Einordnung des Anthropozäns in die GTS, das die sehr kurze Epoche des Holozäns von knapp 11.000 Jahren ablösen soll, seien hier die Vorschläge von Simon L. Lewis und Mark A. Maslin zitiert, die das Anthropozän entweder 1610 oder 1964 beginnen lassen wollen. Sie diskutieren zwei Varianten für die Integration des Anthropozäns in die geologische Zeitskala: einen direkten Anschluss an das Holozän oder einen Anschluss an das Pleistozän mit einer Herabstufung des Holozäns. (Abb. 5)

Die Begründungen für die Ablösung einer alten und den Beginn einer neuen Zeiteinheit sind in der Geologie standardisiert; sie werden jedoch intensiv diskutiert und korrigiert. Grundlage der GTS ist die Chrono- und Geostratigrafie, wobei die zeitlichen Übergänge aus der Bestimmung der Fossilvorkommen, der Gesteinskunde und der Magnetfeldanalyse abgeleitet werden. Unterstützt wird die stratigrafische Konstruktion durch radiometrische Datierungen, d.h. die Messung von stofflichen Zerfallsprozessen. Die Bestimmung von Global Stratotype Section and Point

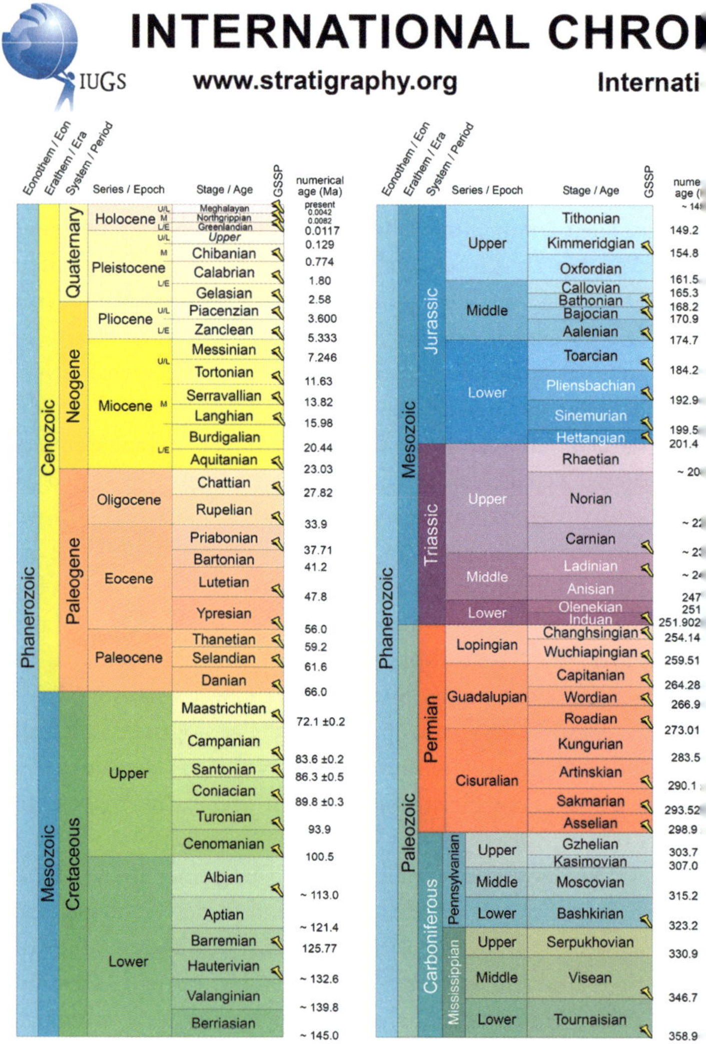

Abb. 4: Internationale Chronostratigraphische Tabelle

RATIGRAPHIC CHART

mission on Stratigraphy v **2023/09**

Series / Epoch	Stage / Age	numerical age (Ma)
		358.9 ±0.4
Upper	Famennian	372.2 ±1.6
	Frasnian	382.7 ±1.6
Middle	Givetian	387.7 ±0.8
	Eifelian	393.3 ±1.2
Lower	Emsian	407.6 ±2.6
	Pragian	410.8 ±2.8
	Lochkovian	419.2 ±3.2
Pridoli		423.0 ±2.3
Ludlow	Ludfordian	425.6 ±0.9
	Gorstian	427.4 ±0.5
Wenlock	Homerian	430.5 ±0.7
	Sheinwoodian	433.4 ±0.8
Llandovery	Telychian	438.5 ±1.1
	Aeronian	440.8 ±1.2
	Rhuddanian	443.8 ±1.5
Upper	Hirnantian	445.2 ±1.4
	Katian	453.0 ±0.7
	Sandbian	458.4 ±0.9
Middle	Darriwilian	467.3 ±1.1
	Dapingian	470.0 ±1.4
Lower	Floian	477.7 ±1.4
	Tremadocian	485.4 ±1.9
Furongian	*Stage 10*	~ 489.5
	Jiangshanian	~ 494
	Paibian	~ 497
Miaolingian	Guzhangian	~ 500.5
	Drumian	~ 504.5
	Wuliuan	~ 509
Series 2	*Stage 4*	~ 514
	Stage 3	~ 521
Terreneuvian	*Stage 2*	~ 529
	Fortunian	538.8 ±0.2

Eonothem / Eon	Erathem / Era	System / Period	numerical age (Ma)
			538.8 ±0.2
Precambrian – Proterozoic	Neo-proterozoic	Ediacaran	~ 635
		Cryogenian	~ 720
		Tonian	1000
	Meso-proterozoic	Stenian	1200
		Ectasian	1400
		Calymmian	1600
	Paleo-proterozoic	Statherian	1800
		Orosirian	2050
		Rhyacian	2300
		Siderian	2500
Archean	Neo-archean		2800
	Meso-archean		3200
	Paleo-archean		3600
	Eo-archean		4031 ± 3
Hadean			4567

Units of all ranks are in the process of being defined by Global Boundary Stratotype Section and Points (GSSP) for their lower boundaries, including those of the Archean and Proterozoic, long defined by Global Standard Stratigraphic Ages (GSSA). Italic fonts indicate informal units and placeholders for unnamed units. Versioned charts and detailed information on ratified GSSPs are available at the website http://www.stratigraphy.org. The URL to this chart is found below.

Numerical ages are subject to revision and do not define units in the Phanerozoic and the Ediacaran; only GSSPs do. For boundaries in the Phanerozoic without ratified GSSPs or without constrained numerical ages, an approximate numerical age (~) is provided.

Ratified Subseries/Subepochs are abbreviated as U/L (Upper/Late), M (Middle) and L/E (Lower/Early). Numerical ages for all systems except Quaternary, upper Paleogene, Cretaceous, Jurassic, Triassic, Permian, Cambrian and Precambrian are taken from 'A Geologic Time Scale 2012' by Gradstein et al. (2012), those for the Quaternary, upper Paleogene, Cretaceous, Jurassic, Triassic, Permian, Cambrian and Precambrian were provided by the relevant ICS subcommissions.

Colouring follows the Commission for the Geological Map of the World (www.ccgm.org)

Chart drafted by K.M. Cohen, D.A.T. Harper, P.L. Gibbard, N. Car

To cite: Cohen, K.M., Finney, S.C., Gibbard, P.L. & Fan, J.-X. (2013; updated) The ICS International Chronostratigraphic Chart. Episodes 36: 199-204.

URL: http://www.stratigraphy.org/ICSchart/ChronostratChart2023-09.pdf

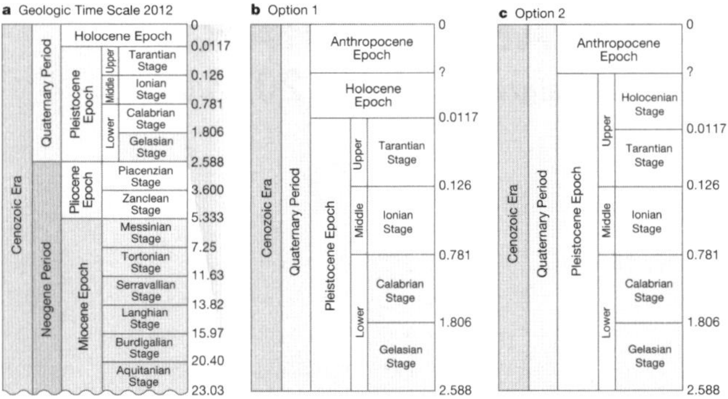

Abb. 5: Comparison of the current Geologic Time Scale (GTS2012), with two alternatives, aus: Lewis/Maslin: Anthropocene, S. 171

(GSSP), den sogenannten Golden Spikes, ist für den Wechsel einer geologischen Zeiteinheit von entscheidender Bedeutung.[197] Der Sedimentaufschluss zeigt in der Regel einen sogenannten Fußpunkt, eine fossile oder klimatische Grenze, die die chronostratigrafische Einheit bestimmt, wenn dieser Fußpunkt global nachgewiesen werden kann. Im Zuge der Festlegung des Anthropozäns wurden zuletzt neun verschiedene Kandidaten als Golden Spikes in Betracht gezogen. Im Zuge der wissenschaftlichen Diskussion einigte sich die Anthropocene Working Group 2023 auf den Crawford Lake in Kanada. In seinen Sedimenten lässt sich der Beginn des neuen Erdzeitalters im Jahr 1950 besonders gut nachweisen. Die Zunahme radioaktiver Rückstände aus den Atombombentests der 1950er Jahre, insbesondere Plutonium, ist zudem ein globales Phänomen.[198]

197 Zalasiewicz et al. (Hg.): Unit of Time.

198 Anfang des Jahres 2024 stimmte die Subcommission on Quaternary Stratigraphy (SQS) gegen die Einführung des Anthropozäns als einer neuen geologischen Epoche. Zum Zeitpunkt der Buchveröffentlichung stand noch nicht fest, wie dieser Prozess weitergehen würde. Witze: Geologists.

Aus verschiedenen Gründen ergeben sich Dissonanzen zum geschichtswissenschaftlichen Zeitbegriff und zum Umgang mit Zeiteinteilungen. Da die Geologie ihre lineare Zeitklassifikation anhand fest definierter Faktoren vornimmt, ergeben sich Differenzen zum geschichtswissenschaftlichen Plädoyer für die globale Differenz und Heterogenität vormals angenommener homogener, von Europa ausgehender zeitlicher Entwicklungspfade, sei es die Modernisierung, die Industrialisierung, die Liberalisierung oder die Globalisierung.[199] Verglichen mit den geologischen Zeitdimensionen von mehreren Milliarden Jahren erscheint die Zeit der Geschichtswissenschaft zudem eher überschaubar; sie umfasst nur die 5500 Jahre, für die schriftliche Zeugnisse überliefert sind, und reicht in Ausnahmefällen bis zur archäologischen Erschließung ur- und frühgeschichtlicher Lebensformen. Historikerinnen verwenden auch keine Golden Spikes für Epocheneinteilungen und benötigen keine globale Synchronizität. Vielmehr versuchen sie retrospektiv auf der Basis heterogener Daten Argumente für einen substanziellen Wandel historischer Gesellschaften zu finden, deren Epochenübergänge entweder als fließend oder überlappend beschrieben und nur im Einzelfall kalendarisch fixiert werden. Die Epoche als Zeitspanne zwischen zwei fixierten historischen Ereignissen wird in der Geschichtswissenschaft generell kritisch betrachtet.[200] Die aus dem 19. Jahrhundert stammende Variante des Epochennarrativs »Vom Aufstieg zum Fall« ist kein überzeugendes Modell mehr, um historische Zeit zu fassen, da sie mit zu einfachen Konstruktionsmodi solitäre Zeitcontainer schafft. Auch Versuche inhaltlich begründeter Epocheneinteilungen wie etwa »Das Jahrhundert der Nationalstaaten« haben

199 Quenet: Anthropocene, S. 173; vgl. etwa Chakrabarty: Europe; Osterhammel: Periodisierung.

200 Horn/Bergthaller: Anthropozän, S. 199.

als definitorische Beschreibung ausgedient, da ihnen Eurozentrismus innewohnt und eine globale Differenzierung fehlt. So ist das »Jahrhundert der Nationalstaaten« in Europa das 19. Jahrhundert, in Afrika aber eher das 20. Jahrhundert. Personalisierte Epochenbezeichnungen zur Einteilung der Vergangenheit wie das Viktorianische Zeitalter, der Wilhelminismus, das Alexanderreich oder der Stalinismus verdeutlichen zum einen den Fokus auf die menschliche Zeit, zum anderen versuchen sie die Vergangenheit in aufeinanderfolgende Zeiteinheiten zu zerlegen, die sich an Herrscherwechseln orientieren. Da der Untersuchungszeitraum der Geschichtswissenschaft eng mit dem Untersuchungsgegenstand verbunden ist, ergeben sich beständig andere Zeiteinteilungen, etwa die Zeit einer Generation, einer Familie oder eines Krieges.

Die Chronologie der Ereignisse und die Einteilung der Vergangenheit in »Zeitblöcke« (J. Osterhammel) waren lange Zeit das Kerngeschäft der Geschichtswissenschaft.[201] So wird die Vergangenheit der europäischen Geschichte üblicherweise in Antike, Mittelalter, Frühe Neuzeit und Neuzeit eingeteilt. In den letzten Jahren haben Historikerinnen und Geschichtsphilosophen diese Art der Einteilung vergangener Zeiten jedoch kritisch analysiert und im Anschluss an Koselleck multitemporale und multidirektionale Zeitregime entdeckt, die gegen die Kohärenz einer Epoche oder einer anderen Einheit sprechen.[202] Zeitkonzepte und Zeiteinteilungen variieren regional, sind abhängig vom Gegenstand und folgen nicht einer Richtung. Achim Landwehr hat für die historische An- und Abwesenheit unterschiedlicher Zeitlichkeiten den Begriff der Chronoferenz entwickelt. Chronoferenz bezeichnet für ihn

201 Lorenz: Fetisch.
202 Ebd., S. 69.

das Neben- und Durcheinander verschiedener kultureller, physikalischer und geologischer Zeiten.[203] Aus der Notwendigkeit, dieses Zeitgewebe zu analysieren, ergibt sich eine Absage an die Annahme, es ginge in der geisteswissenschaftlichen Anthropozän-Debatte darum, die menschliche Zeit als Segment in die geologische Zeit zu integrieren – das ist allein die Vorgehensweise der Geologie. Wie Giuseppina D'Oro es prägnant auf den Punkt bringt, ist die menschliche Vergangenheit nicht einfach ein kleiner Teil der geologischen Zeitskala: »[...] it is not a segment of time at all but a different way of approaching and understanding what happened in the past.«[204]

Unerwartete Verwandtschaften

Gemeinsam ist diesen disziplinären Zugängen zur Vergangenheit auf den ersten Blick nur, dass sie versuchen, das Leben auf dem Planeten zeitlich und räumlich zu klassifizieren. In welcher Form Zeit sortiert wird, ob linear, in Wiederholungsstrukturen, ob in Schichten oder transtemporal, darin unterscheiden sich Geologie und Geschichtswissenschaft voneinander und sind sich fremd: »If the past is a foreign country, the deep past is another planet to most of us as historians [...].«[205] Ist beim Betreten fremder Planeten demnach Vorsicht angesagt? Oder spricht Chakrabarty einen wichtigen Punkt an und wir sollten trotz aller Differenzen darüber nachdenken, wo es Berührungspunkte zwischen den Disziplinen gibt? Aus geschichtswissenschaftlicher Perspektive wird man zunächst an die geologischen Einflüsse auf das Leben der Menschen denken, an die Folgen von Vulkanausbrüchen wie dem des indonesischen

203 Landwehr: Anwesende Abwesenheit.
204 D'Oro: Agent-Centered Perspective, S. 218.
205 Bashford: The Anthropocene, S. 346.

Tambora 1817, an tektonische Verschiebungen, die Erdbeben auslösten, Dörfer verschütteten und Tausende von Menschen unter Geröll begruben, wie 1755 in Lissabon oder 1976 im italienischen Friaul.[206] Jenseits der Katastrophengeschichte könnte man an die Entwicklung des globalen Hochgebirgstourismus denken, an die infrastrukturelle Erschließung von Gebirgen durch Tunnel und Staudämme oder an den Lieblingsstoff der Anthropozän-Debatte: die Kohle. Das »schwarze Gold« verkörpert das Zusammentreffen geologischer und menschlicher Zeiten auf anschauliche Weise: Die in Jahrmillionen durch abgestorbene Pflanzen, Bäume, Hitze und Kompression entstandenen Kohleschichten wurden in der kurzen Zeitspanne der Hochmoderne von Mensch und Maschine abgebaut und verbrannt. Die bei der Verbrennung freigesetzten Gase Kohlendioxid und Schwefeldioxid haben ihrerseits eine prognostizierte Wirkung als »Ewigkeitslast« in Form erhöhter globaler Durchschnittstemperaturen. Ähnliches gilt für die meisten energetischen Geo-Ressourcen, deren Existenz von geologischen Zeiträumen abhängt und deren Nutzung in erheblich kürzeren historischen Zeiträumen erfolgt, wie zum Beispiel das im 20. Jahrhundert dominierende Erdöl. Jeder Kilometer, der mit einem konventionellen Verbrennungsmotor zurückgelegt wird, basiert auf pflanzlichen und tierischen Mikroorganismen, die über lange Zeiträume unter Einwirkung von Wasser komprimiert wurden. Mit jedem Kilometer findet eine »Kompression von Zeit« statt, so Bernd Scherer.[207] Die Erfindung der Katalyse macht es möglich:[208] »Planetarische Zeit wird so in Menschenzeit übertragen, das heißt, mit der Technologie

206 Behringer: Tambora. Literarisch Kinsky: Rombo.
207 Scherer: Denkbilder, S. 12.
208 Steiniger: Katalyse; Scherer: Denkbilder, S. 60.

der Katalyse gelingt es, in die Tiefenzeit des Planeten, die deep time, vorzudringen und zuvor nie gekannte Energien in der Gegenwart zur Verfügung zu stellen.«[209] Aus solchen Beispielen leitet etwa Chakrabarty ab, dass die geologische Zeit und »the time of our everyday lives in the shadow of global capital« miteinander verwoben sind.[210] Auch wenn diese Beispiele den zeitlichen Zusammenhang sehr deutlich illustrieren, sind andere Beziehungen zwischen geologischer Zeit und menschlicher Zeit nicht sofort ersichtlich. Können wir die Geschichte des Frauenwahlrechts neu erzählen, wenn wir sie, wie Helge Jordheim für alle Gegenstände fordert, »in a continuum with the times of rocks and sediments«[211] platzieren? Trotz aller Zweifel am direkten Zusammenhang ist es einen Versuch wert, die Geschichte der Freiheits- und Emanzipationsbewegungen auf ihre energetischen Kosten hin zu untersuchen, etwa mit Blick auf die Automobilität von Frauen oder die globale Ausstattung privater Haushalte mit Klimaanlagen.[212] Zugleich steht die Rekonstruktion der ökologischen Reflexivität vieler sozialer Bewegungen noch weitgehend aus.[213]

Nicht nur die Geschichtswissenschaft muss sich an die geologische Zeit gewöhnen, sondern auch die Geologie an die kurzen Zeitintervalle der Geschichtswissenschaft.[214] Wendet man den Blick auf die Geologie und die Frage, wie ihre Begegnung mit der menschlichen Zeit aussehen könnte, so zeigt sich, dass diese Frage ihre Relevanz nur für diejenigen Geologen entfalten kann, die einen Zeitraum untersuchen, in dem menschliches Leben existiert hat. Mit

209 Scherer: Denkbilder, S. 60.
210 Chakrabarty: Climate of History, S. 10 f.
211 Jordheim: Stratigraphies, S. 37.
212 Grace: African Motors.
213 Probst: Klassenkämpfe.
214 Latour: Kampf um Gaia, S. 201.

der Fossilisierung des Anthropozäns, also der Sedimentbildung aus radioaktiven Isotopen, Kunststoffen und anderen Überresten wird auch für die Geologie diese naheliegende Vergangenheit in den Vordergrund rücken und damit notwendigerweise ihre Vorstellung von der Menschheit weiter sozial und global differenzieren. Auch für die Erdsystemwissenschaften, die eng mit der Geologie zusammenarbeiten, ist die geisteswissenschaftliche Kritik an ihrem global homogenen Menschheitsbegriff wichtig. Erst seit Kurzem sind soziale Ungleichheiten und globale Differenzen in der Klimakrise Teil ihrer Prognosen.

Beziehungsversuche

Die australische Geschichte ist ein anschauliches Beispiel dafür, wie geologische und menschliche Zeithorizonte zusammenhängen, aber auch dafür, wie konkrete Erfahrungen von Hitze, Feuer und Überschwemmungen zu einem Wandel der Geschichtsschreibung führen, der problem- und anwendungsorientiert ist.[215] Alison Bashford weist darauf hin, dass die Frage, wie geologische Zeit, Ur- und Frühgeschichte und moderne Geschichte in Australien zusammenhängen, in der australischen Geschichtswissenschaft seit Jahrzehnten kontrovers diskutiert wird und nicht erst der Anthropozän-Debatte bedurfte.[216] Die frühe Besiedlung der australischen Landmassen durch Indigenous Australians war bereits seit Beginn des 20. Jahrhunderts eine nationale Frage. Im Rahmen der Kolonialgeschichte wurde Deep History zu einem Argument, die menschliche Geschichte des Kontinents nicht erst mit der Ankunft weißer Siedler im Jahr 1788 beginnen zu lassen. Ähnliches lässt sich für die Geschichte Nordamerikas sagen.[217] Hinzu

215 Morgan: Uncertain Future, S. 351 f.
216 Bashford: The Anthropocene, S. 343.
217 McGrath: Deep Histories, S. 4.

kommt, dass viele indigene Australier ein differenziertes Verständnis von historischer Zeit haben, das geologische Zeitebenen ebenso umfasst wie die jüngste Vergangenheit. Einige verstehen Zeit als räumlich anders gebunden, so liegt beispielsweise die Vergangenheit vor und nicht hinter der Gegenwart. Manche indigenen Gruppen wiederum unterscheiden nicht strikt zwischen Vergangenheit und Gegenwart.[218] Nicht zufällig, sondern aufgrund dieser Erfahrungen wurde das erste Standardwerk der Big History von einem amerikanisch-australischen Historiker, David Christian, verfasst.[219]

Deep- und Big-History-Zugänge verknüpfen menschliche Zeit mit geologischer Zeit. Solche Erzählformate laufen jedoch Gefahr, Alltags- und Kulturgeschichte, soziale Praktiken und Ungleichheiten zugunsten struktureller und geologischer Prozesse zu vernachlässigen, sodass historischer Wandel kaum mehr erklärt und Verantwortung nicht mehr zugewiesen werden kann. Die Forderung, wieder größere Zeiträume in den Blick zu nehmen, wie es auch David Armitage und Jo Guldi in ihrem »History Manifesto« von 2014 verlangten, um relevante Erklärungen liefern zu können, folgt der Annahme, dass Relevanz mit der Größe des Zeitraums korreliert.[220] Ist der Anthropozän-Debatte wirklich geholfen, wenn wir sie als eine Art »conceptual meeting point«[221] verstehen, wie Alison Bashford meint, an dem Deep und Big History mit Umwelt- und Klimageschichte zusammentreffen? Solche Fragen lassen sich nicht grundsätzlich beantworten. Vielmehr ist zu eruieren, wann die Zusammenschau von geologischer, menschlicher und anderer Zeiten sinnvoll ist und wann die historische Frage-

218 James: Tjukurpa Time.
219 Christian: Maps of Time.
220 Armitage/Guldi: History Manifesto.
221 Bashford: The Anthropocene, S. 346.

stellung solche temporalen oder naturräumlichen Bezüge benötigt. Auch Gunnel Cederlöf und Mahesh Rangarajan betonen die Gefahr, die Heterogenität der geschichtswissenschaftlichen Analysen und ihre vielfältige Skalierung wieder zu verlieren: »The fascination with big history or deep history cannot be allowed to replace our need to craft regional and local histories that pay attention to the wide diversity of struggles over nature, and the variety of outcomes and situations.«[222] So gibt es Fragestellungen, die ohne geologische Zeithorizonte auskommen, aber trotzdem von Chronoferenzen ausgehen. Dolly Jørgensen untersucht beispielsweise den Zusammenhang von Renaturierung, Emotionen und Zeit. Sie betrachtet die Praxis des Rewilding als Interaktion zwischen Mensch und Natur, aber auch als eine Beziehung zwischen (imaginierter) Vergangenheit, der Gegenwart und der Zukunft. Die Wiederherstellung eines verloren gegangenen Zustands (eines Flusses, des Vorkommens einer bestimmten Spezies) setzt eine Entscheidung für eine bestimmte Vergangenheit voraus, die rekonstruiert werden soll: »Ecological restoration is by necessity a practice that looks to the past to make these decisions.«[223] Mit diesen Entscheidungen gehen Exklusionen einher: Niemand würde sich derzeit wohl für den Versuch stark machen, das Ökosystem des Mesozoikums wieder herzustellen, auch wenn dieser Gedanke populärkulturell von Steven Spielberg bereits ausgiebig durchgespielt wurde. Dem Pleistozän können manche jedoch etwas abgewinnen, wie der Pleistocene Park in Sibirien zeigt.[224]

Der Nutzen der Betrachtung verschiedener Zeitregime für die wissenschaftliche Erkenntnis kann nur empirisch

222 Cederlöf/Rangarajan: Global Present, S. xviii.
223 Jørgenson: Lost Species, S. 3.
224 Bernstein: Pleistocene.

nachgewiesen werden. Die in den letzten Jahren wieder in den Vordergrund gerückten Ressourcen und Materialitäten sind ein erstes vielversprechendes Experimentierfeld. Vermutlich wird aber nicht nur die australische Geschichte von dieser Erweiterung profitieren, sondern auch das Ruhrgebiet, Nigeria oder Peru.

Ich habe mich bislang in meinen Ausführungen nur auf das Verhältnis zwischen zwei Zeitregimen konzentriert. Die Schwierigkeiten steigen exponentiell an, wenn wir die historiografischen Debatten der letzten Jahre über Multitemporalität ernst nehmen. Ein Beispiel: Die Grafik, mit der die Great-Acceleration-These begründet wird, basiert auf einer linearen Zeitskala, die weder regional noch zeitlich detailliert unterscheidet.[225] Wie bei jeder hochaggregierten Datenvisualisierung sind Brüche, Rückgänge oder Überlappungen nicht sichtbar. Eingeebnet sind auch die regionalen Unterschiede beim Anstieg der einzelnen Parameter. Postkoloniale Kritiker wie Amitav Ghosh und Dipesh Chakrabarty haben auf die Schwierigkeit globaler Periodisierungen aufmerksam gemacht. Ghosh argumentiert, dass die imperiale Dominanz Europas im 19. Jahrhundert und die damit einhergehende industrielle Rückständigkeit Asiens zu einem verzögerten Ausbruch der Klimakrise geführt haben. Hätte Asien bereits nach dem Ersten Weltkrieg höhere Kohlendioxidemissionen gehabt, wäre die Great Acceleration früher eingetreten.[226] Die globale Ungleichheit der kapitalistischen Produktion und Konsumption hat sich letztlich ökologisch ausgezahlt. Die Erdtemperatur wäre heute wahrscheinlich höher, wenn es nicht massive Unterschiede im Konsumniveau gegeben

225 Bensaude-Vincent: Rethinking Time, S. 212 f.

226 Ghosh: Derangement, S. 110.

hätte.[227] So eindrucksvoll diese Grafik also als Argument für eine Zäsur um 1950 dient, so wenig erklärt sie uns, was wann wo passiert ist. Die Ausdifferenzierung, die die historische Zeit als menschliche Zeit in den letzten Jahren erfahren hat, lässt nur den Schluss zu, dass es im Anthropozän viele Narrative und Temporalitäten geben muss, so auch Renn: »These can be found in the concrete evolution of subsystems, each guided by different but intersecting timescales, in the coupling of different, often asymmetric, time horizons between sociotechnical and biophysical systems (e.g., energy transitions and climate inertia), thereby revealing the criticality of time – and also in the sense of the time left for meaningful action.«[228]

Zusammengefasst lässt sich festhalten, dass die Vorstellung, dass das Anthropozän eine klar umrissene Epoche sei, aus geschichtswissenschaftlicher Sicht hinter den Forschungsstand zu Zeitlichkeit zurückfällt.

Die unendliche Geschichte des Anfangs

Ungeachtet dessen dreht sich ein Teil der Anthropozän-Debatte um die Frage, wann das Anthropozän begonnen haben könnte. Vor dem Hintergrund der oben dargestellten Multitemporalität der Vergangenheit ist dieses Anliegen reduktionistisch. Die überkommene Praxis, Epochen anhand zentraler Ereignisse voneinander abzugrenzen, ist in den letzten Jahrzehnten in der Geschichtswissenschaft in Verruf geraten, weil sie jeweils nur einen – regionalen oder sachlichen – Ausschnitt der Geschichte betrifft und unter dem hohen Abstraktionsgrad einer Zäsurbehauptung viele Einwände ignorieren muss, die unverzüglich aufgrund man-

227 Chakrabarty: Climate of History, S. 61 f.
228 Renn: Geoanthropology, S. 382.

gelnder Allgemeingültigkeit angeführt werden.[229] Das Anthropozän bildet da keine Ausnahme. Und so sind Behauptungen, das Anthropozän habe 1610 oder 1964, 1784 oder 1945 begonnen, besonders für Historiker wie Chakrabarty oder McNeill befremdlich, die sich vor dem Hintergrund der nicht versiegenden Diskussion für plurale Startpunkte des Anthropozäns aussprechen.[230] Was aber signalisieren die genannten Jahreszahlen? Im Gespräch sind 1610 als Kulminationspunkt der Migration von Getreide und Spezies durch die europäische Expansion,[231] die Patentanmeldung der Dampfmaschine im Jahr 1769 durch James Watt oder die Intensivierung der Nutzung fossiler Brennstoffe im 19. Jahrhundert sowie die schon mehrfach erwähnte Great Acceleration nach 1945. Stoermer und Crutzen hatten ursprünglich das Jahr 1784 vorgeschlagen, basierend auf dem Kohlendioxid- und Methangehalt in Eisbohrkernen und der künstlich auf dieses Jahr fixierten Erfindung der Dampfmaschine – obwohl die Patentanmeldung schon 15 Jahre zurücklag.[232] Manche nennen sogar einen konkreten Tag: Der Favorit ist der 16. Juli 1945, als in New Mexico die erste Atombombe gezündet wurde. Der nukleare Fallout in geologischen Schichten, speziell Plutonium 239, aber auch die Ablagerungen von Aluminium, Zement, Pestiziden und Plastik seien als Marker des Anthropozän auszumachen.[233] Während diese Ablagerungen immerhin global

229 Lorenz: Metaphor, S. 205; Osterhammel: Periodisierung.

230 Chakrabarty: Climate of History, S. 169; McNeill, Energy.

231 Lewis/Maslin: Anthropocene. Eine scharfe Kritik formulierte Hamilton: So Wrong. Nicht zu vergessen sind auch diejenigen, die argumentieren, dass der Eingriff des Menschen auf den Planeten mit der Sesshaftwerdung begonnen habe, also in etwa zwischen 8000 bis 5000 v. Chr. Vgl. Ruddiman: Greenhouse Era.

232 Ausführlich zu dieser Diskussion Quenet: Anthropocene, S. 168.

233 Ebd., S. 169. Derzeit beschränkt sich die Geologie auf den radioaktiven Fallout.

nachweisbar sind,[234] sind die zuvor genannten Vorschläge regional und thematisch begrenzt. Sie reduzieren das Anthropozän auf die Verantwortung des Westens, auf die europäische (Expansions-)Geschichte, in Teilen sogar auf die britische Wirtschaftsgeschichte, und bieten damit keine neue Perspektive.[235]

Ein anderer Vorschlag zielt darauf, das Anthropozän eng mit der Geschichte des Kapitalismus und des Imperialismus zu verknüpfen und dabei Prozesse und Phasen zu betonen. In kritischer Erweiterung des Anthropozän-Begriffs haben daher Jason Moore den Begriff des Capitalocene und Anna Tsing den Begriff des Plantationocene als Alternativen vorgeschlagen. Der Begriff des Anthropozäns, so ihre Kritik, verschleiere ökonomische und imperiale Herrschaftsverhältnisse ebenso wie rassistische und sexistische Ordnungen, indem er sich eines universalen Menschheitsbegriffs bediene. Alternative Konzepte betonen die imperiale Expansion Europas, die Einführung des Plantagensystems und den transatlantischen Sklavenhandel als Grundlagen des modernen Kapitalismus. Das Konzept des Capitalocene rückt zudem eine marxistisch geprägte Analyse des Industriekapitalismus in den Vordergrund, bezieht sich aber zeitlich auf den in Wallersteins Weltsystemtheorie entwickelten Zeitraum von fünf Jahrhunderten. Moore grenzt sich deutlich von der klassischen Interpretation der ökonomischen Ausbeutung der Natur ab und schlägt vor, Umwelt und Ökonomie nicht als getrennte Systeme zu begreifen: »Der Kapitalismus ist kein Wirtschaftssystem;

234 John McNeill plädiert dafür, die Zeit ab 1945 als zweite Phase des Anthropozän zu verstehen, was der Schwierigkeit entgeht, einen Start der ersten Phase notwendigerweise fixieren zu müssen.

235 Bashford: The Anthropocene, S. 347.

er ist kein Gesellschaftssystem; er ist eine Weise, Natur zu organisieren.«[236] Seine Analyse bricht die systemische Binarität und betont deren Verwobenheit, indem er fokussiert, »wie das Mosaik der Verhältnisse, das wir Kapitalismus nennen, durch die Natur arbeitet und wie Natur durch den enger gefassten, Kapitalismus genannten Bereich arbeitet.«[237] Damit grenzt er seinen Ansatz klar von den geologischen Versuchen ab, den Menschen als Akteur der neuen Epoche zu etablieren. Diese Inthronisierung, so Moore, führe nicht zum Kern des Problems, zu »den Beziehungsgeflechten, die die mannigfachen Konfigurationen von Menschheit-in-Natur, von Organismen und Umwelten, von Leben und Land oder Wasser und Luft koproduzieren. ›Geschichte‹, so aufgefasst, ist die Geschichte einer ›doppelten Internalität‹: Menschheit-in-Natur/Natur-in-Menschheit.«[238] Mit diesem Ansatz gelingt ihm auch eine Kritik der neuen Materialismen, der »metabolistischen Argumentationen«, die, so Moore, erneut einen reduktionistischen Kapitalismusbegriff zelebrieren und »kulturelle Prozesse und wissenschaftliche Erkenntnis« ignorieren.[239] Während mit Moores methodischem Ansatz einer durchgängigen Dialektik eine produktive und flexible Perspektive auch auf die Frage nach dem Beginn des Anthropozäns gewonnen ist, bleibt die Integration sozialistischer Ökonomien oder lokaler Tauschökonomien in diesem Ansatz methodisch und theoretisch bislang unsystematisch behandelt.

Die Frage nach dem Beginn des Anthropozäns wirft die Geschichtswissenschaft zurück auf Start, als wüssten wir

236 Moore: Kapitalismus, S. 9.
237 Ebd., S. 8.
238 Ebd., S. 14.
239 Ebd., S. 127; ähnlich auch Charbonnier: Genealogy.

nicht schon längst, dass Geschichte nicht nur von boys & their toys gemacht wird. Die vorgeschlagenen Zäsuren orientieren sich nach wie vor an westlichen Ereignissen und Technologien, nicht am Black Atlantic, nicht am Taiping-Bürgerkrieg, nicht am Aussterben des Tasmanischen Beutelwolfs oder des Kleinen Kaninchennasenbeutlers im 18. und 19. Jahrhundert. Aufgrund der Mängel der vorgeschlagenen Daten ist es notwendig, die historiografische Perspektive nicht auf einen Beginn zu verengen, sondern von einem im Holozän einsetzenden Prozess der Beeinflussung des Erdsystems auszugehen, der sich in der zweiten Hälfte des 20. Jahrhunderts aus technologischen und ökonomischen Gründen rasant beschleunigt hat. Dazu müssen die unterschiedlichen kapitalistischen Ökonomien, die Einteilung in kapitalistische und sozialistische Staaten, in Erste und Dritte Welt, in industrialisierte und postindustrielle Staaten sowie Agrargesellschaften ohne industrielle Produktionsstätten in die Analyse einbezogen werden.

Eine enge Verbindung zur Neuzeit liegt bei diesen Überlegungen nahe. Alison Bashford weist die Forderung nach geologischer Zeit sogar als überflüssig zurück: »The Anthropocene is not an ancient problem or even a distant future problem; it is a problem in and of modern history.«[240] In gewissem Sinne hat die australische Historikerin recht: Die Prozesse und Ereignisse, die als wesentlich für das Anthropozän identifiziert wurden, stammen aus der Geschichte seit der Frühen Neuzeit. Andererseits lässt sich einwenden, dass es keinen überzeugenden Grund gibt, das Anthropozän auf die Neuzeit zu beschränken, wenn wir tatsächlich davon ausgehen, dass es erstens viele verschiedene Wege ins Anthropozän gibt und dass zweitens das

240 Bashford: The Anthropocene, S. 346.

Anthropozän vor allem als eine Neujustierung unserer epistemologischen Grundlagen zu betrachten ist.

Sicherlich gilt, dass wir nicht nicht periodisieren können, weil wir schon aus Gründen der disziplinären Selbsterhaltung ein Interesse daran haben, Vergangenheiten von der jeweiligen Gegenwart abzugrenzen. Aber die Komplexität des Unterfangens, die dieses Periodisierungsbedürfnis seit den Anfängen der Disziplinbildung bis heute darstellt, sollte nicht mit einfachen und unzureichenden Lösungen verdeckt werden. Die gegenwärtig intensiv geführten Debatten über Zeit und Geschichtswissenschaft, u.a. über Kosellecks Gleichzeitigkeit des Ungleichzeitigen, Hartogs Präsentismus und Landwehrs Chronoferenzen, verweisen alle darauf, dass Periodisierungen mit exklusivem Anspruch nicht tragfähig sind. Vielmehr gilt es, in eine Debatte einzusteigen, in der Behauptungen aufgestellt werden, die das disziplinäre Selbstverständnis und die genuinen Kompetenzen der Geschichtswissenschaft betreffen. Die Anthropozänisten benötigen Historikerinnen.

Die Debatte um den Beginn des Anthropozäns ist aus historischer Sicht unterkomplex. Sie reduziert die Verflechtungen und Gefüge, die Frage von Macht und Herrschaft, auf technologische Erfindungen oder einen imperialen Zugriff. Die Geschichtswissenschaft hat deshalb bislang aus guten Gründen fast durchweg skeptisch auf die Suche nach dem Anfang reagiert. Im Gegensatz zur Geologie kann sich die Geschichtswissenschaft jedoch sicher sein, das betont auch Quenet, dass das Anthropozän keine neue Epoche ist:

> The Anthropocene cannot be accepted as a historical period without losing a considerable degree of complexity in our accommodation of the heterogeneity and discontinuities that constitute human societies, which are inscribed in a plurality of spaces and temporalities,

> and which produce their contexts instead of fitting into a preexisting condition.[241]

Das Anthropozän misst keine historische Zeit, es lässt sich nicht kausal auf ein Ereignis zurückführen und hatte auch keinen fixierbaren Beginn. Ob die Empirie der Stratigrafie und anderer geologischer Methoden ausreicht, um eine geologische Epoche zu determinieren, wird sich eines Tages zeigen. Für Historiker stellen sich andere Fragen, sie können das Anthropozän als Aufmerksamkeitsmodus nutzen, der, so auch Chakrabarty, das Ausmaß der Auswirkungen menschlichen Handelns auf das Erdsystem und die sphärenübergreifenden Verflechtungen in den Blick nimmt.[242]

Neue Zukünfte?

Es scheint paradox: Das Anthropozän führt dazu, dass sich Historiker mit Fragen der Zukunft beschäftigen, und zwar keineswegs nur aus einer geschichtswissenschaftlichen Perspektive. Die möglichen Szenarien des Klimawandels irritieren die bisherigen modernen Zukunftsvorstellungen, die seit zwei Jahrhunderten als immer differenzierter und offener galten.[243] Zunehmend dringen die Klimaprognosen in unseren Alltag und in unsere wissenschaftliche Arbeit. Ob Weltbank, UNO, EU, Klimaforschungsinstitute, Rückversicherer oder Umweltinitiativen: Sie alle haben Prognosen entwickelt, wie hoch der durchschnittliche Temperatur-

241 Quenet: Anthropocene, S. 196.

242 Chakrabarty: Climate of History, S. 156. Diese Kritik an der Geologie wird auch von John McNeill geteilt, der von vielen Wegen ins Anthropozän spricht. McNeill: Environmental Change.

243 Hölscher: Entdeckung, S. 8 f. Die Vielfalt der Zukunftsentwürfe am Beispiel der westdeutschen Geschichte nach 1945 zeigen ausführlich: Hölscher (Hg.): Zukunft; Radkau, Zukunft; Seefried: Zukünfte; Seefried (Hg.): Politische Zukünfte.

anstieg ausfallen könnte und welche Folgen dies für die klimatischen Bedingungen des Planeten und die sozialen Konflikte hätte. Fast alle Szenarien für die nächsten 80 Jahre lassen erwarten, dass sich die Lebensbedingungen auf der Erde nicht nur radikal verändern, sondern dass große Bevölkerungsgruppen massiv bedroht und präkarisiert werden. Noch nie verfügte die Menschheit über so viele Informationen über die zu erwartende Zukunft wie heute. Die aus den weltweiten Forschungsanstrengungen resultierende und stets wachsende empirische Basis und die daraus ableitbaren neuen Formen der Prognose, also die Verwissenschaftlichung des Zukunftswissens, stehen in einem Spannungsverhältnis zur theoretischen Offenheit der Zukunft. Schon jetzt gilt, dass in der Vergangenheit getroffene Entscheidungen, etwa das Verschweigen des Wissens um die massiven Folgen der kohlebasierten Energiewirtschaft für die Erwärmung der Erdatmosphäre, bestimmte Zukunftspfade determinieren. Kommt nun also eine »historisch spezifische Denkform«[244] – die gestaltbare und potenziell offene Zukunft – an ihr Ende? Denn die in Klimaszenarien prognostizierte Zukunft erzwingt gewissermaßen Verhaltensanpassungen in der Gegenwart: Wenn das zukünftige Leben auf dem Planeten noch mit den heutigen Verhältnissen vergleichbar sein soll, dann, so die Botschaft, müssen heute klimapolitische Maßnahmen und der Erhalt der Biodiversität mit Priorität behandelt werden.

Klimaprognosen basieren wie alle Prognosen auf einer Verknüpfung von Vergangenheit, Gegenwart und Zukunft. Schon deshalb sind sie für die Geschichtswissenschaft interessant. Die abstrakte Zukunft ist eng mit dem Verhalten der Menschen in der Vergangenheit und in der Gegenwart verknüpft: Pfadabhängigkeit ist zentral für die Erklärung

244 Hölscher: Entdeckung, S. 12.

der Zukunft. Für bestimmte Prozesse ist die Entwicklung der Zukunft bereits festgelegt und unveränderbar. So wird das CO_2, das durch die Verbrennung von Jahrmillionen alten fossilen Brennstoffen in die Atmosphäre gelangt, noch Jahrhunderte vorhanden sein.[245] Der Atommüll aus Kernkraftwerken und Waffenproduktion hat eine noch längere Halbwertszeit. Mit einem völlig unüberschaubaren Zeithorizont von mehreren Millionen Jahren rechnen die Sicherheitsexperten, die sich Gedanken darüber machen, wie sie die Informationen über die Gefahren der nuklearen Reststoffe auch in Jahrtausenden noch lesbar machen können. Diese beiden Beispiele widersprechen sowohl der Annahme einer theoretisch offenen Zukunft als auch der Behauptung, wir könnten die Zukunft grundsätzlich nicht vorhersagen. Sie belegen auch die zukünftige Koexistenz der Menschen mit den gestern und heute produzierten Abfallstoffen der Energiewirtschaft.

Aber müssen die Differenzierungen, die die Geschichtswissenschaft der Vergangenheit unter dem Stichwort der Multitemporalität attestiert, nicht auch für die Zukunft gelten? Wissenschaftshistorikerin Nina Wormbs plädiert dafür, zumindest die auf Braudel zurückgehende Differenzierung von Ereignis, Konjunktur/Struktur und longue durée auf die Zukunft anzuwenden.[246] Darüber hinaus zeigt schon eine differenzierte Semantik von Aussagen über die Zukunft die mögliche Vielfalt an, etwa »Prediction, projection, forecast, and scenario.«[247] Zukünfte variieren in Abhängigkeit von den klimapolitischen Maßnahmen, von der Fähigkeit der Menschheit, bestimmte Prozesse aufzuhalten, abzumildern oder sie zu ignorieren. Auch die Skep-

245 Chakrabarty: Conjoined Histories, S. 50.
246 Wormbs: Model Time, S. 284 f.
247 Ebd., S. 293.

tiker eines beschleunigten und existenzbedrohenden Klimawandels, die klimapolitische Maßnahmen in die Zukunft verschieben wollen, nutzen in ihren Begründungen für den Aufschub wandelbare Zukünfte: In ihnen sei die Technik besser entwickelt, die Wirtschaft stabiler, der Krieg vorbei.[248] In den Prognosen der Klimawissenschaften lauern zudem die unkalkulierbaren Zukünfte der Kipppunkte. Klimawissenschaftlerinnen betonen, dass sie die mittelbare Zukunft nach dem Überschreiten der tipping points nicht vorhersagen können.[249] Diese würden einen Riss in der linearen Zeitentwicklung darstellen, sie seien nicht steuerbar und würden, einmal ausgelöst, einen irreversiblen Prozess in Gang setzen. Damit seien sie nicht modellierbar.

Immer häufiger ist die Frage zu vernehmen, ob sich die Zukunft so verändern wird, dass wir die Geschichtsschreibung anpassen müssen. So vertritt der Historiker Marek Tamm die Position, dass wir aus der antizipierten Zukunft die Grundlagen für ein neues Geschichtsverständnis ableiten können: »I would argue that it is only from the future that we can discover the epistemological principles for a new historical understanding, appropriate at the time of the Anthropocene and increased technological powers.«[250] Er geht davon aus, dass sich die heutigen Zukunftsvorstellungen radikal von denen der geografisch nicht näher bezeichneten »Moderne« unterscheiden. Manche Autoren gehen in ihren Annahmen noch weiter und trennen die Zukunft strikt von Gegenwart und Vergangenheit. Zoltán B. Simon

248 Ebd., S. 284.

249 Vgl. Rahmstorf: 3 Grad mehr.

250 Tamm: Future-oriented, S. 132. Zwei Zukunftsvorstellungen sind für Tamm zentral: Die posthumane und die transhumane Zukunft. Beiden ist gemeinsam, dass sie die zentrale Stellung des Menschen dezentrierten, da der Mensch in Beziehungen zu anderen Spezies und zu technischen Entwicklungen eingebettet sei.

argumentiert, dass sich in den westlichen Gesellschaften seit 1945 ein neues Zukunftsverständnis herausgebildet habe, das eine neue Geschichtstheorie der Zeitlichkeit erfordere. Die Zukunft stelle sich nicht mehr als die Entfaltung der in der Vergangenheit entwickelten Potenziale dar, sondern als das noch nie Dagewesene, so Simon: Drei points of no return – künstliche Intelligenz, Atomkrieg und Klimawandel – machten eine Zukunft vorstellbar, in der die Menschheit aufhören könnte zu existieren.[251] Er schlägt vor, dieses neue geschichtswissenschaftliche Wissensregime »unprecedented change« zu nennen.[252] Die durch das Anthropozän zu erwartenden Veränderungen seien beispiellos und nicht in die bisherige epistemische Ordnung integrierbar. Simon führt als Auslöser von »unprecedented change« das »epochale Ereignis« ein, in deren Folge eine »neue Ordnung der Dinge«, ein neues Verhältnis von Vergangenheit und Zukunft, herbeigeführt werde.[253] Die so imaginierte Zukunft führe zu einer »vollständige[n] Auflösung der Verbindung zwischen vergangenen und zukünftigen Lebenswelten.«[254] Die Zukunft nach dem Überschreiten von Kipppunkten könnte man jedoch auch, anders als Simon, als die bekannte Offenheit westlichen Zukunftsdenkens verstehen: Ihre nicht vorhersagbare Dynamik radikalisiert vielmehr die theoretische Offenheit der Zukunft.

Simon argumentiert zu Recht, dass die Geschichtswissenschaft wie jede Wissenschaft eine domestizierende Funktion hat; sie bringt Ordnung in das unendliche Chaos vergangener Evidenz. Dies geschieht durch den wissenschaftlichen Arbeits- und Selektionsprozess: Auswahl der

251 Simon: Unprecedented, S. 7.
252 Simon: Wissensregime, o.S.
253 Ebd., o.S.
254 Ebd., o. S.

Fragestellung, Bearbeitung eines Quellenkorpus, Sichtung von Überlieferungslücken, methodische und theoretische Rahmung der Argumentation. Häufig werden die Ergebnisse in Makroprozesse oder zeitliche Abfolgen eingeordnet: Zivilisation, Modernisierung, Demokratisierung, etc.[255] Zeitliche Einordnungen sind für die Geschichtswissenschaft deshalb wichtig, weil Pfadabhängigkeiten, d.h. Beziehungen zwischen Vergangenheit und Gegenwart, zumindest in der Geschichtsschreibung der Neuzeit allgemein angenommen werden. Radikale Neuerungen, wie sie Simons Meinung nach das Anthropozän darstellt, könne die Geschichtswissenschaft deshalb nicht denken: Da Historiker die Vergangenheit immer in Form einer Entwicklungsgeschichte erzählen und daher unfähig seien, das absolut Neue zu erfassen, bestehe nun die Gefahr, »diese Neuheit durch Kontinuitätserzählungen zu betäuben.«[256] Ähnlich wie andere, die von einem radikalen Bruch zwischen Holozän und Anthropozän bis in die epistemischen Zehenspitzen hinein ausgehen, vernachlässigt Simon meines Erachtens die Verbindungen zwischen Vergangenheit und Zukunft im Prozess (!) des Klimawandels zugunsten eines Ereignisses, eines *game-changer-events*. Aus seinen Annahmen ergibt sich schließlich auch die Frage, wie man über Geschichte sprechen kann, wenn es keine Verbindung mehr zwischen der Vergangenheit und dem ›nie Dagewesenen‹ gibt. Gibt es dann noch Geschichte?

Milo Probst hat gezeigt, dass die Fokussierung auf zukünftige Kipppunkte die Gefahr einer Depolitisierung des Anthropozäns in sich birgt. Dies geschehe, so Probst, indem die Vergangenheit gegenüber Gegenwart und Zukunft zu einem klar abgegrenzten Zeitcontainer gemacht werde.

255 Simon: Domesticating the Future, S. 497.

256 Simon: Wissensregime, S. 3.

Probst zitiert einen Vortrag des Philosophen Clive Hamilton aus dem Jahr 2014: »With the arrival of the Anthropocene we must now be suspicious of all ideas developed in the last 10,000 years.«[257] Mit dieser radikalen Abkehr, so Probst, wäre der Bezug auf soziale Bewegungen, auf ihre Kämpfe um politische oder soziale Inklusion vernachlässigbar. Entgegen der mancherorts postulierten absoluten Trennung von Vergangenheit und Gegenwart/Zukunft lassen sich die meisten Prozesse des Klimas und des Planeten am besten über die Pfadabhängigkeiten analysieren. Auch ein Kipppunkt ist mit vergangenen Prozessen verbunden, etwa mit der durchschnittlichen Erderwärmung. Die Umweltgeschichte hat meines Erachtens aus guten Gründen die Pfadabhängigkeit als Erklärungsmoment ins Zentrum gerückt und unterscheidet zwischen verschiedenen Zeiten der Zukünfte: »Environmental history deals first and foremost with path dependency: it studies the events and processes – natural, social, economic and political – such as disaster, famine, war and disease which, coupled with social and environmental change, have long-term consequences affecting human societies today and in the immediate future.«[258] Die Verhältnisse, mit denen die Menschen zunehmend konfrontiert sein werden, führen zu multiplen Zeitlichkeiten, auch in der Zukunft. In einer solcherart antizipierten Zukunft stehen Prozesse und Ereignisse, Klimawandel und Kipppunkte, virtuelle und tatsächliche Zukünfte, Dagewesenes und nie Dagewesenes nebeneinander. Uekötter hat dafür das Bild des Wirbels aufgerufen, um den Rückbezug auf einen »archimedischen Punkt« zu vermei-

257 Probst: Naturverhältnisse, S. 81.
258 Sörlin: Contemporaneity, S. 611.

den, der sich für die Verhältnisse des 21. Jahrhunderts nicht mehr finden lasse.[259]

Die Ordnung der Zeit gehört ebenso zum Kerngeschäft der Geschichtswissenschaft wie die kritische Reflexion ihrer Zeiteinteilungen. Vor allem postkoloniale, global- und geschlechterhistorische Ansätze betonen die Multitemporalität von Gesellschaften und stehen der Annahme absoluter Brüche kritisch gegenüber. Die Gezeiten der Meere, die Zeit der Börse, der Erinnerung, des Verdrängten, der Evolution, des Lebens und des Monumentalen,[260] die Zeit der Künstlichen Intelligenz, der Ernte, der Tiefsee, der Moose und der Atomstromproduktion, die Zeit des Pakets und der digitalen Nachricht:[261] Solche Chronoferenzen, so Landwehr, brauchen neue Narrative. Er warnt davor, dass es nicht einfach werden wird, diese angemessen zu berücksichtigen: »Aber wie will man die Beziehungen zur natürlichen und übernatürlichen Welt, zu Geistern, Träumen und Visionen, zu Pflanzen, Tieren und Wetterphänomen so fassen, dass sie in eine auf materieller Überlieferung und Archivierung basierenden ›Geschichte‹ eingespeist werden?«[262] Das folgende Kapitel nähert sich einer Antwort auf diese Frage.

259 Uekötter: Im Strudel, S. 13.
260 Szerszynski: Monument.
261 Sörlin: Environmental Times, S. 99.
262 Landwehr: Diesseits der Geschichte, S. 277.

3. More-Than-Human-History: Über Menschen, Rhizome und Schweineherzen

Vogelexkremente fristen ein kümmerliches und unterschätztes Dasein in der Geschichte. Im Jahr 2018 wurden sie vom Ehrenvorsitzenden der AfD, Alexander Gauland, ins öffentliche Bewusstsein gerückt, um die angeblich verblassende Bedeutung des deutschen Nationalsozialismus vor dem Hintergrund einer weitgehend ruhmreichen tausendjährigen Geschichte der Deutschen als »Vogelschiss« zu illustrieren. Zu den vielen intellektuellen Problemen, die man Gauland attestieren könnte, gehört auch, dass er die Bedeutung von Vogelkot historisch völlig unterschätzt. Die Fäzes, die bisher – abgesehen von der archäologischen Exkrementenforschung – kein zentrales Untersuchungsgebiet der Geschichtswissenschaft waren, verlangen geradezu nach einer genaueren wissenschaftlichen Analyse. Bereits 1863 beschrieb ein Autor in »Die Gartenlaube« die historische Bedeutung des Vogelkotes: »So spielt denn seit einigen zwanzig Jahren der Guano (nach der Sprache der Quichua's richtiger ›Huanu‹, d.i. Mist, Dünger) unter den Artikeln des überseeischen Handels eine bedeutende Rolle; ja das Neue und Eigenthümliche der Sache macht die Guanofrage zu einer der merkwürdigsten Erscheinungen der Neuzeit […].«[263] Die »Guanofrage« in der deutschen Geschichte wurde also nicht erst im Nationalsozialismus virulent, sondern tauchte bereits Anfang der 1840er Jahre im Deutschen Bund auf. Damals wurde der Tierdung aus Peru zum globalen Handelsgut, zum Knotenpunkt imperialer Bestrebungen und zum mörderischen Arbeitsmarkt vor allem für

263 G. Hth.: Guano, S. 262. 1804 brachte Alexander von Humboldt Guano aus Südamerika mit nach Paris, um es dort zu untersuchen.

chinesische Kontraktarbeiter.[264] Die Modernisierung der Landwirtschaft in den USA und in Europa schuf eine erhöhte Nachfrage nach effektiven Düngemitteln, und die natürlichen Vorkommen auf den peruanischen Chincha-Inseln schienen dafür gut geeignet. Der Kot der dort lebenden Vogelarten – vor allem Graumöwen, Schwarzmantel-Scherenschnäbel, Schlangenhalsvögel, Chile-Pelikane, Buntscharben und die heute als Guanotölpel bezeichneten peruanischen Tölpel – war ein fruchtbares, stinkendes Gemisch unter anderem aus Stickstoff und Phosphor. »Die Gartenlaube« ging sogar so weit, die auf den Inseln schichtweise abgelagerten Exkremente nach Berichten des Naturforschers J.J. Tschudi als »geologische Formation« zu bezeichnen. Einige Jahrzehnte lang versprach sich die Landwirtschaft von der Nutzung dieses natürlichen Düngemittels erhebliche Ertragssteigerungen. Deutschland importierte 1869 immerhin 85 233 Tonnen peruanischen Vogelkots.[265]

Wie die meisten abbaubaren und nicht schnell nachwachsenden Ressourcen waren auch die Kotvorräte bald erschöpft. Die Vögel hatten jahrhundertelang an ihrer Formation gearbeitet, obwohl sie sich aufgrund des üppigen Nahrungsangebots einen äußerst gefräßigen Lebensstil und eine »damit proportionirte Excrementenabsonderung«[266] leisten konnten. Die Landschaftsruinen, die der Guanoabbau wie jeder Ressourcenabbau hinterließ, zogen jedoch schon im 19. Jahrhundert zeitgenössische Kritik auf sich. Der Autor der »Gartenlaube« warnte vor den Verwüstungen, die der massenhafte Abbau des Guanos anrichtete: »Aber so viel sie [die Vögel, S.M.] sich auch abmühen, mit

264 Uekötter: Im Strudel, S. 119 ff.; Cushman: Guano.
265 Uekötter: Im Strudel, S. 121.
266 Tschudi: Huanulager, S. 2.

dem maßlosen Verwüster, dem Menschen, halten sie nicht gleichen Schritt: es wird eine Zeit kommen, wo man keinen Guano mehr von den Chincha-Inseln holt, wo die peruanische Regierung keinen Heller mehr aus ihren erschöpften Huaneras zieht.«[267] Das absehbare Ende der lukrativen Handelskette mit dem Kotdünger führte in Peru 1909 zu Naturschutzmaßnahmen, die, so Frank Uekötter, »konsequent auf den Schutz der Vögel mit der besten Verdauung setzte.«[268] So eng können Vogelkot, globaler Kapitalismus, Modernisierung der Landwirtschaft und Naturschutz in der Geschichte zusammenhängen. Der Historiker Gregory T. Cushman hat die Bedeutung dieses Zusammenhangs eindringlich formuliert: »Marine bird excrement is at the root of modern existence«.[269]

Zugebenermaßen besteht ein erheblicher Interpretationsspielraum zwischen der zeitgenössischen Diagnose der »Gartenlaube«, die »Guanofrage« sei eines der merkwürdigsten Phänomene der neueren Geschichte, und Cushmans Behauptung, Vogelkot sei die Grundlage der modernen Existenzweise. Beide Einschätzungen teilen jedoch die Annahme, dass Guano die Geschichte der Neuzeit maßgeblich beeinflusst hat. So ist auch der peruanische Vogelkot in seiner historischen Bedeutung nicht gänzlich unbeachtet geblieben. Seine Rolle als Dünger in den Handelsnetzen des britischen Empire hat in den letzten Jahren die Aufmerksamkeit der Geschichtswissenschaft ebenso auf sich gezogen wie Baumwolle, Öl aus Walfett, Gold, Kohle oder Tee. Die Bedeutungsbeimessung an tierische Ausscheidungen schwimmt heute im Fahrwasser einer seit einigen Jahren schwelenden Debatte, die ihren Ort in den

267 G. Hth.: Guano, S. 264.
268 Uekötter: Im Strudel, S. 131.
269 Cushman: Guano, S. xiii.

»Human-Animal-Studies« und – inhaltlich wie theoretisch darüberhinausgehend – in der Forschungsrichtung der »More-Than-Human-History« hat. In den unter diesem Label versammelten unterschiedlichen Ansätzen steht die Zentralität des menschlichen Akteurs zur Disposition und wird zugunsten einer Analyse von Verflechtungen zwischen Menschen, Tieren, Pflanzen, Dingen und Technologie ersetzt.[270] Die Multi-Spezies-Forschung beispielsweise untersucht den Menschen in seinen Beziehungen zu anderen Spezies und fragt nach der Einbettung von Flora und Fauna in die Welt des Menschen und umgekehrt.[271] In einer dekonstruktivistisch-materialistischen Wendung wird der Mensch zum Produkt seiner Interdependenzen. Die theoretischen Varianten dieser Perspektive sind vielfältig. Ihr Verhältnis zum Anthropozän ist ambivalent: Einerseits bezieht sich More-Than-Human-History auf die Verflechtung der Sphären, Arten, Organismen und Technologien, die in den Erdsystemwissenschaften vor allem als Stoffströme diskutiert werden. Andererseits grenzt sich More-Than-Human-History von der zentralen Behauptung der Geologie und der Erdsystemwissenschaften ab, den Einfluss des Menschen zum zentralen Charakteristikum der neuen Epoche des Anthropozäns zu machen. Im Folgenden gehe ich der Frage nach, wie der Streitbegriff Anthropos diskutiert wird und welchen Nutzen die Geschichtswissenschaft davon haben könnte.

270 O'Gorman/Gaynor: More-Than-Human; O'Gorman: Wetlands; Jaque et al. (Hg.): More-Than-Human; Brown: Chernobyl; Tamm/Simon: More-Than-Human; Pugliese: Biopolitics; Exchanges. The Interdisciplinary Research Journal 10, 2023, Nr. 2: Special Issue; Kirksey/Helmreich: Emergence; Ameli: Multispezies-Ethnographie.

271 Kirksey/Helmreich: Emergence, S. 549.

3.1. Menschheit als Akteur

Die More-Than-Human-History scheint zunächst einmal genau das Gegenteil dessen zu behaupten, was die Erdsystemwissenschaften zum wichtigsten Kriterium der neuen geologischen Epoche machen, nämlich den Einfluss des menschlichen Akteurs auf den Planeten. Erle Ellis, Professor für Geografie und Umweltsysteme, sieht uns gar am Beginn einer neuen Geschichtsschreibung: »Rewriting history is an ambitious project. Even more so when this involves an entire planet and features a new leading actor.«[272] Wie viele andere Wissenschaftler in der Anthropozän-Debatte fordert Ellis eine neue Geschichtsschreibung, eine Neufassung der Geschichte aus der Sicht der Naturwissenschaften, die den Menschen bislang nicht besonders beachtet hat. Diese Identifikation des Menschen als eines neuen dominanten Akteurs überrascht aus geschichtswissenschaftlicher Sicht, denn der Mensch war bereits seit dem 19. Jahrhundert zentral für die Geschichtswissenschaft. Auch wenn ›der Staat‹ und ›die Nation‹ als Akteure in der sich professionalisierenden Geschichtswissenschaft vergleichbar große Geltungsmacht beanspruchen konnten, so war es gerade der schriftliche Quellen hinterlassende Mensch, der im 19. Jahrhundert zur disziplinären Abgrenzung der Geschichtswissenschaft von Geologie, Ethnografie, Archäologie, Naturgeschichte und Anthropologie diente, wie im letzten Kapitel schon ausgeführt wurde. Die zentrale Stellung des Menschen bei der Erklärung historischen Wandels findet sich auch in aktuellen Ansätzen wieder: Forschen Historikerinnen nicht schon seit Jahrzehnten über soziale Ungleichheit, Rassismus, Genozide, Geschlechterhierarchien, also über menschengemachte Herr-

272 Ellis: Anthropocene, Preface.

schaftsstrukturen, deren Analyse doch darauf abzielt, zu erklären, wie vergangene und gegenwärtige menschliche Machtverhältnisse entstanden sind? In den letzten Jahrzehnten haben sich in der Geschichtswissenschaft zudem viele Richtungen etabliert, die die menschliche Konstruktionsleistung, das Handeln, die Herstellung von Strukturen betonen. Die Historische Anthropologie etwa verband damit eine kritische Distanzierung von einer Spielart der Sozialgeschichte, die den Menschen nur als Ausdruck der ihn bestimmenden Strukturen zu begreifen schien.[273] Die Geschichtswissenschaft arbeitet zwar mittlerweile mit unterschiedlichen Akteurskonzepten und streitet darüber mitunter heftig. Aber generell gilt für die zwei Jahrhunderte professionalisierter Geschichtsschreibung: »Historians, like other humans, typically prefer explanations for the course of human affairs that emphasize human role and agency (and do not require forays into the domains of ecology or epidemiology).«[274]

Mittlerweile kritisieren nicht wenige Historiker diesen exklusiven Blick auf menschliche Akteure als Ausdruck überkommener Geschichtskonzepte und arbeiten an einer Dezentrierung des Menschen.[275] Tiergeschichte, Multi-Species-History, ANT und Post-ANT, Praxeologie, New Materialism, Science & Technology Studies oder Posthumane Geschichte zielen bei aller Differenz auf eine komplexere Gefügeanalyse und die Integration pluraler Faktoren in die Analyse der Vergangenheit. Sie lassen sich zwar

273 Vgl. dazu den instruktiven Text von Arni: Nach der Kultur.

274 McNeill: Mosquito Empires, S. 7.

275 Für die Anthropologie ist die Beschäftigung mit Tieren sicherlich nichts Neues. So waren die 1868 erschienen Biberstudien von Lewis Henry Morgan zentral, Edward E. Evans-Pritchard arbeitete über Rinder, Gregory Bateson über Delphine, etc. Vgl. Orr et al.: Environmental Anthropology, S. 161.

zu einer »Familie interdisziplinärer Forschungsansätze«[276] zusammenfassen, unterscheiden sich aber im disziplinären Fokus, im Gegenstandsbereich, in der theoretischen Basis, in der temporalen Reichweite und in der Einschätzung von Intentionalität und agency.[277] Allen gemeinsam ist jedoch der Versuch, den Menschen neu zu konzeptionalisieren. Angesichts dieser wissenschaftlichen Entwicklungen kann der von Ellis und anderen Anthropozänforschern mit überschwänglicher Entdeckerfreude präsentierte neue Akteur, der Mensch, dessen Handlungsmacht als Legitimation für ein neues Zeitalter herhalten muss, die professionelle Geschichtswissenschaft nur überraschen. Denn während in der Geologie und den Erdsystemwissenschaften der Mensch als Untersuchungsgegenstand Einzug gehalten hat, wendet sich die neuere Geschichtswissenschaft zunehmend unbelebten Objekten und anderen belebten Organismen zu. Chakrabarty hat diese Diskrepanz überzeugend damit erklärt, dass sich der Akteursbegriff der Geschichtswissenschaft vom geologischen Akteursbegriff der Menschheit grundlegend unterscheidet. Letzterer beziehe sich auf eine »impersonal and unconscious geophysical force, the consequence of collective human activity.«[278] Welche Schlussfolgerung ist aus diesen gegensätzlichen Entwicklungen zu ziehen? Handelt es sich um ein Kommunikationsproblem zwischen zwei Disziplinen? Oder konkurrieren zwei grundsätzlich verschiedene epistemologische Systeme miteinander? Handelt es sich beim Anthropozän vielleicht um einen ontologischen Rückschritt, um eine erneute Inthronisierung des Menschen, der den Klimawandel verursacht hat, ihn aber in einem Geniestreich des Geoengineering auch

276 Horn/Bergthaller: Anthropozän, S. 62.
277 Vgl. Roscher: Human-Animal-Studies, S. 96 f.; Howell: Agency.
278 Chakrabarty: Climate of History, S. 3.

wieder beherrschen wird? Ist, um mit der Anthropologin Anna L. Tsing zu sprechen, überhaupt eine kontaminierende Kollaboration[279] der Denkweisen möglich, die zu einer Annäherung auf beiden Seiten führen könnte? Vor dem Hintergrund zahlreicher gescheiterter Versuche, trotz antagonistischer epistemischer Grundlagen über Disziplingrenzen hinweg zusammenzuarbeiten, ist überschwänglicher interdisziplinärer Optimismus ist sicherlich fehl am Platz. Warum lohnt es sich dennoch, genauer hinzuschauen?

Das skizzierte Spannungsfeld hebt einen Widerspruch hervor, den man meines Erachtens produktiv wenden sollte. Im Gegensatz zu dem Versuch, absolute Geltungsansprüche – gegen oder für den Menschen als zentralen Akteur – zu formulieren, kann die Wahrnehmung der beschriebenen Differenz eine Heuristik in geschichtswissenschaftlichen Analysen darstellen. Nur der Menschheit (zur Differenzierung der Verantwortlichkeiten weiter unten) ist es gelungen, eine Wirkmächtigkeit zu erzeugen, die dazu führt, dass nicht nur die eigene Existenz, sondern auch die planetarischen Lebensbedingungen infrage stehen. Das hat noch kein Tölpel geschafft, kein Phallus impudicus (Stinkmorchel) hatte so bahnbrechende Wirkungen. Zugleich macht gerade der defäkierende Tölpel deutlich, dass die Handlungen des Menschen nicht analysiert werden können, ohne seine engen Beziehungen zu seiner natürlichen und materiellen Umwelt zu berücksichtigen. Ein solches Untersuchungsgefüge lässt sich nicht in die Umweltgeschichte abschieben, sondern führt zu Fragen nach der Historizität der natürlichen und ökologischen Verhältnisse, die den jeweiligen Akteur hervorgebracht und mit Handlungsmacht ausgestattet haben.[280]

279 Tsing: Pilz, S. 45 ff.
280 Ähnlich Horn/Bergthaller: Anthropozän, S. 80.

3.2. Rhizomatischer Zeitgeist[281]

Beginnen wir mit den vertrauten Konstellationen: Die Tiergeschichtsforschung hat seit den 1990er Jahren die Funktionen der Tiere für den Menschen herausgearbeitet.[282] Die Domestizierung von Wildtieren, die Bedeutung von Walen für die Beleuchtung der Städte im 19. Jahrhundert, die Funktion von Vogelkot für die Modernisierung der Landwirtschaft, das durchschnittlich höhere Wachstum des Homo sapiens durch den vermehrten Verzehr von Tierfleisch zeigen beispielhaft die historische Abhängigkeit des Menschen von den Tieren. Diese Geschichten sind relativ einfach zu erzählen, weil sie am Status quo des menschlichen Akteurs nicht viel ändern. Die Tiere wurden vom Menschen kommodifiziert und verwertet, z.B. im Handel mit Tierfellen und Elfenbein oder in der Lachszucht in Norwegen.[283] Die westlichen Mensch-Tier-Beziehungen unterscheiden sich nur marginal, wenn sie aus der Perspektive der Konsumgeschichte und des globalen Handels erzählt werden. Die Kommodifizierung führte in der Regel zum (massenhaften) Tod tierischer Lebewesen.[284] Gleichzeitig geht diese Mensch-Tier-Geschichte des 19. Jahrhunderts mit einem Prozess der intensivierten Domestizierung und Ausstellung von Tieren einher. Das Haustier, der

281 Der Titel ist der Formulierung »rhizomorphic zeitgeist« aus dem Aufsatz Kirksey/Helmreich: Emergence, S. 555 entlehnt.

282 Diese Tradition geht auf das 19. Jahrhundert zurück, etwa Wallace: Horse. Pferde haben seitdem einen zentralen Stellenwert in der Forschung über Tiere im Prozess der Industrialisierung und Kriegführung, vgl.: Greene: Horses at Work; Swart: Horses; einen guten Überblick bietet: Jäger (Hg.): Menschen und Tiere. Siehe auch den kurzen Überblick über die Entwicklung der US-amerikanischen Tiergeschichtsschreibung Nance: Animal History.

283 Howell et al. (Hg.): Animal History; Gißibl: Tier; Zelinger: Haustiere.

284 Brantz: Slaughter.

exotische Vogel im Käfig oder aber die Entstehung von Schutzräumen in Form von Nationalparks, Reservaten und zoologischen Gärten, die teilweise ohne ökonomischen Nutzen betrieben wurden, entstanden parallel zur Kommodifizierung und Massenvernichtung von Tierbeständen: eine Dialektik der Aufklärung, die sich auch auf das Mensch-Tier-Verhältnis übertragen lässt.

Von der Tiergeschichte zur Multi-Species-Geschichte

Die Human-Animal-Studies haben darüber hinausgehend untersucht, welche anderen Räume Tiere jenseits ihrer Funktionalität für den Menschen einnahmen, wie tierische Lebensweisen die der Menschen beeinflussten und wie Tiere die Geschichte ko-evolutionär vorantrieben.[285] Oder aber sie versuchen, »Interspezies-Relationen«[286] zu untersuchen, ein besonders schwieriges Unterfangen, da sich eine solche Konstellation nur in wenigen Fällen aus der Perspektive der Tiere erzählen lässt.[287] Tierhistorikerinnen kennen die Probleme nur zu gut. Bathsheba Demuth zeigt in ihrer Geschichte der Beringstraße, dass die Wale zu Beginn der professionalisierten Waljagd in den frühen 1850er Jahren anscheinend gelernt hatten, den herannahenden Schiffen der Walfänger zu entkommen, indem sie unter dem Packeis verschwanden, das damals für Walfänger noch nicht befahrbar war.[288] Die wohlgenährten, gefiederten Guanoproduzenten wiederum wurden wohl erst nervös, als die reichen Fischvorkommen vor der peruanischen

285 Kompatscher et al.: Human-Animal Studies, S. 16 ff.; vgl. beispielsweise DeJohnAnderson: Creatures; Russell: Greyhound Nation.

286 Roscher: Human-Animal Studies, S. 99.

287 Vgl aber die Versuche Baratay: Animal Biographies; Krebber/Roscher (Hg.): Animal Biography; Fudge: What Was It Like? Andere wiederum betrachten die meist unbekannte Geschichte ausgestorbener Tiere als eine Multispezies-Geschichte. Vgl. Dooren: Flight Ways.

288 Demuth: Floating Coast, S. 41.

Küste zu einer lukrativen Ressource im Welthandel wurden und massenhaft zu Fischmehl verarbeitet wurden. Damit wurde die Nahrung für die Vögel mit der nützlichen Verdauung knapp, und in der Folge wurde auch das Vogelschutzprogramm eingestellt. Keine guten Nachrichten für Fische und Vögel.[289]

Es würde jedoch zu kurz greifen, die hier zu skizzierende Perspektive auf die Historisierung der Tier-Mensch-Beziehung zu reduzieren und sich damit zu begnügen, (Säuge-)Tiere in die Narrative der Geschichtsschreibung zu integrieren. Genauso wenig wie aus einer Ansammlung von Bäumen ein Wald entsteht, ergibt sich aus der Addition neuer Akteure eine neue Form der Geschichtsschreibung. Vielmehr sollten Menschen und menschliche Geschichte als Produkt von Verbindungen und Beziehungen zu anderen Spezies verstanden und analysiert werden. Anna L. Tsing fasst diesen Ansatz prägnant zusammen: »Human nature is an interspecies relationship«[290] und widerspricht damit der abendländisch-christlichen Tradition, den Menschen als ein distinktes, reflexionsfähiges und autonomes Subjekt zu begreifen.

Der Speziesbegriff bezieht sich in diesen Ansätzen keineswegs nur auf die kleine Gruppe der Säugetiere, sondern umfasst die Vielfalt der Arten, also auch Insekten, Pilze, Moose und Würmer.[291] In Anlehnung an die Entwicklungen der Human-Animal-Studies sollen diese nicht nur in ihrem Nutzen für den Menschen, sondern »in their own right« betrachtet werden.[292] Anders als in Teilen der Tiergeschichte werden auch Bakterien und andere Organismen in eine Beziehungsgeschichte zum Menschen gestellt. Der

289 Uekötter: Im Strudel, S. 131.
290 Tsing: Unruly Edges, S. 144.
291 Onaga/Huenniger: Focus. Vgl. auch Kimmerer: Moos.
292 Gibson/Venkateswar: Engagement, S. 13.

Historiker Timothy LeCain erinnert uns in Anlehnung an die Biologin Lynn Margulis daran, dass der menschliche Körper größtenteils aus Bakterien, Viren und Mikroben besteht.[293]

Rhizome bilden

Der botanische Begriff Rhizom bezeichnet ober- oder unterirdische, horizontal wachsende Pflanzengeflechte, die den Organismus mit Nährstoffen, vor allem mit Stärke, versorgen und der Vermehrung dienen. Das Rhizom wurde in den 1970er Jahren durch Gilles Deleuze und Félix Guattari als Metapher für alternative Wissensstrukturen populär.[294] Sie begreifen Rhizome als »heterogene Vielheiten«, die nicht abgrenzbar sind, keinen Anfang und kein Ende haben.[295] Anna L. Tsing nutzt den Pilz ebenfalls nicht nur als ihr zentrales Forschungsobjekt, sondern zudem als Sinnbild für die Einschätzung, dass das planetarische Leben »Rhizome bilden« müsse, um den Herausforderungen der Zukunft gewachsen zu sein. Auch die Literatur hat Bäume und Pilze als Metaphern für Freundschaft, Fürsorge und Familie entdeckt. So spielt der amerikanische Schriftsteller Richard Powers mit der romantischen Vernetzung von Pilzen und Bäumen: Alle kümmern sich umeinander und verhalten sich solidarisch.[296] Der deutsche Bestsellerautor und Förster Peter Wohlleben bringt die populäre Vorstellung zum Ausdruck, dass die symbiotischen und kommunikativen Beziehungen der Bäume zu ihrer Umwelt Vorbildcharakter für den Menschen haben könnten.

Die wissenschaftliche Version des rhizomatischen Zeitgeistes ist weitgehend frei von idealisierten symbiotischen

293 LeCain: Matter of History, S. 1.
294 Deleuze/Guattari: Rhizom.
295 Röttgers: Rhizom, S. 344.
296 Power: Wurzeln, S. 274. Neuerdings Hathaway: Mushroom.

Beziehungen und Verflechtungen. Spannungen, Zerstörungen und Kämpfe in symbiotischen Verhältnissen gab und gibt es viele. Oft endete das Aufeinandertreffen verschiedener Spezies tödlich. Der israelische Historiker On Barak spricht deshalb von »multispecies tensions«.[297] Die Erfahrungen mit der Corona-Pandemie verdeutlichen diese destruktive Kraft ebenso wie die historischen Problemfälle Shigella dysenteriae, Shigella flexneri, Shigella boydii und Shigella sonnei, die bei infizierten Menschen Dysenterie, die sogenannte Ruhr-Krankheit, auslösen.[298] Aus europäischer Sicht stellten einige dieser in den Tropen vorkommenden Bakterien ein wichtiges Hindernis für die imperiale Herrschaft dar. Andererseits konnten Bakterien auch eine Stütze imperialer Expansion sein, wie Alfred W. Crosby bereits 1972 in »The Columbian Exchange« darlegte. Sein Argument richtete sich damals gegen die Dominanz politischer, militärischer und sozialer Erklärungen für die Eroberung der Amerikas durch die Europäer. Dagegen machte er biologische Faktoren, wie den Kaloriengehalt der angebauten Nahrungsmittel oder die von Europäern eingeschleppten Pockenviren, für die erfolgreiche Eroberung verantwortlich.[299] Wissenschaftler schätzen, dass zwischen 1500 und 1650 50 bis 90% der indigenen Bevölkerung Amerikas von Arten dahingerafft wurden, gegen die sie bis dahin keine Immunabwehr besaßen.[300] Diese rhizomatische Interpretation der imperialen Expansion der Europäer im Jahr 1492 hat wenig mit der Idealisierung der »Symbioeisis« zu tun, wie etwa Donna Haraway die posi-

297 Barak: Powering Empire, S. 15; auch Tsing betont die nicht immer gutartigen Beziehungen der Pilze zu ihrer Umgebung, vgl. Tsing: Unruly Edges, S. 143.

298 Winkle: Geißeln.

299 Crosby: Exchange.

300 McNeill: Exchange, S. 442.

tive Seite der Verwandtschaft bezeichnet.[301] Vielmehr steht dieser genozidale Auftakt paradigmatisch für die Kolonialisierungen in den folgenden Jahrhunderten, mit denen Europa die Welt unter sich aufteilte. Die von Anopheles quadrimaculatus (Malaria) und Aedes aegypti (Gelbfieber) heimgesuchten Kolonialherren in der Karibik hatten dagegen massive Probleme, den Überträgermücken zu entkommen. Die hohe Anfälligkeit der europäischen Truppen für die oft letal verlaufenden Infektionen schränkte ihre Handlungsfähigkeit und Standhaftigkeit gegenüber Aufständischen ein. In seiner Studie »Mosquito Empire« schreibt John McNeill den Stechmücken im Zusammenhang mit der Entwicklung der Plantagenwirtschaft eine wichtige Rolle bei der Entstehung des karibischen Imperiums zu: Die ökologischen Bedingungen hätten ihnen geholfen, »key actors in the geopolitical struggle of the early modern Atlantic world, if not, strictly speaking dramatis personae« zu werden.[302]

Ob als Mitreisende auf den Schiffen der ersten Europäer, als Parasiten der Kolonialisten auf den Handelsschiffen des Imperialismus oder als Migranten im Zuge von Renaturierung, Zoogründung und Klimawandel: Tiere und Kleinlebewesen werden in der Geschichte der Migration zunehmend thematisiert. Tiermigrationen stellten und stellen oft existenzielle Herausforderungen für lokale Ökosysteme dar. Sie weichen ihren heimischen Fressfeinden, der genetischen Konkurrenz und dem veränderten Klima aus und können unter anderen Lebensbedingungen ihre Populationen zum Teil erheblich vergrößern. Ein Beispiel sind die Kaninchen, die von den britischen Kolonialherren mit nach Australien gebracht wurden und die, innerhalb weniger

301 Haraway: Unruhig bleiben, S. 85–99.
302 McNeill: Mosquito Empires, S. 3. Vgl. auch Raffles: Insektopädie.

Generationen millionenfach vermehrt, den Schafen und Rindern die Lebensgrundlage wegfraßen.[303] Gleichzeitig waren auch die Schafe erst im Zuge der europäischen Besiedlung Australiens eingewandert.

Deutlich werden nicht nur die ökologischen Folgen, sondern auch die Effekte von Tieren, Organismen und Landschaften auf die politische und soziale Entwicklung von Gesellschaften. Insbesondere Viren und Bakterien bedingten den Ausgang von Schlachten, von Wahlen und Handelsabkommen. Sie führten zur Regulierung von Migrationen, zur Etablierung oder zum Ruin imperialer Herrschaft und produzierten soziale Proteste in den urbanen Zentren des späten 19. Jahrhunderts. Diese Beispiele zeigen die enge Beziehung zwischen Kleinlebewesen und Menschen, die sich rhizomartig entwickeln. In diesem Sinn verweist John McNeill darauf, dass sich hinter den karibischen Moskitos noch eine weitere, eine menschliche Geschichte verbirgt: Malaria und Gelbfieber kamen erst mit dem transatlantischen Menschenhandel in die Karibik. Ähnliches lässt sich wohl für die Geschichte der Tiermigration insgesamt sagen: Tiere kommen mit den Transportmitteln der Menschen in neue Ökosysteme, sie migrieren mithilfe der humanen Infrastrukturen, seien es Körper, Schiffe oder Lebensmittel. Es gibt also keinen Grund, von einem »mosquito determinism« oder, aktualisiert, einer linearen Coronapfadabhängigkeit in der Geschichte auszugehen.[304] Dass aber imperiale Geopolitik und Ökologie in einem engen Wechselverhältnis stehen, ist nicht nur für die Geschichte der Seuchen relevant, sondern drängt sich bei jedem Krieg um Bodenressourcen in den Vordergrund, mögen die kriegführenden Mächte auch noch so vehement moralische oder religiöse Kriterien für einen militärischen Angriff betonen.

303 McNeill: Biological Exchange, S. 434.
304 McNeill: Mosquito Empires, S. 6; Aronsson/Holm: Virosphere.

Die Geschichtswissenschaft ist seit geraumer Zeit auf dem Weg, diese Zusammenhänge besser zu verstehen und zum Gegenstand ihrer Forschung zu machen. Für eine von der Anthropozän-Debatte inspirierte Geschichtswissenschaft ist es sinnvoll, eine neutrale Grundausrichtung beizubehalten, etwa in Anlehnung an die u.a. von der Anthropologin Laura A. Ogden vorgeschlagene Definition der »multispecies ethnography«: Es geht um die Erforschung des historischen Wandels in einem sich stetig verändernden Gefüge (assemblage) von handelnden/agierenden Wesen, Pflanzen, Technologien und Materialitäten.[305] Wie diese Assemblage zu bewerten ist, hängt von der historischen Situation und letztlich auch von der Interpretation durch die Geschichtswissenschaft ab.

Neue Rechtssubjekte

Auftrieb erhält die Multi-Species-Perspektive durch die gegenwärtige Entwicklung, Tiere oder Landschaften als juristische Personen zu begreifen. Berühmt wurden in den letzten Jahren die *cocaine hippos* des kolumbianischen Drogenbarons Pablo Escobar. Escobar hatte für seinen Privatzoo vier Nilpferde angeschafft. Die Zootiere wurden nach seinem Tod 1993 verkauft, nur die Nilpferde blieben, wurden ausgewildert und vermehrten sich erfolgreich. Gegenwärtig lebt eine stattliche Gruppe von etwa 200 Tieren am Rio Magdalena nördlich von Bogotá. Die Art stammt ursprünglich aus dem südsaharischen Afrika und gilt dort als bedroht. In Kolumbien hingegen zählt sie als invasive Art, die das Ökosystem des Flussbeckens destabilisiert. Die Nilpferde verdrängen einheimische Seekühe, Fische und Otter.[306] Sie beschädigen allein durch ihr körperliches Volumen die Flussufer und ihre Exkremente führen zu einer

305 Ogden et al.: Multispecies Ethnography, S. 6.
306 Käufer: Nilpferde.

»Überdüngung« des Flusses und zum Anstieg des Sauerstoffgehalts.[307] Die von der kolumbianischen Regierung geplante Tötung der Nilpferde stieß auf Proteste von Tierschützern wie dem amerikanischen Animal Legal Defense Fund in Kalifornien. In einem Gerichtsverfahren vor dem Bezirksgericht im US-Bundesstaat Ohio wurden Nilpferde zu juristischen Personen erklärt. Damit sind sie nicht mehr so leicht zu töten. Kolumbien wiederum erklärte die Nilpferde zu einer invasiven Art, deren Existenzrecht nicht über das einheimischer Arten gestellt werden dürfe. Die von Escobars *cocaine hippos* abstammende Tierpopulation wird von verschiedenen Akteuren entweder als illegitime Migration, als schützenswerte Tierart oder als eine juristische Person klassifiziert. Die widersprüchlichen Zuschreibungen unterstreichen das Argument von Dolly Jørgensen: »Belonging is a cultural category. It is something determined by humans as a judgment on the appropriateness (or inappropriateness) of a species in a place.«[308]

Dieser Fall steht exemplarisch für die faktische Durchsetzung dessen, was Geisteswissenschaftlerinnen in langen ideengeschichtlichen Genealogien rekonstruiert haben: Tiere können Subjekte mit Handlungsmacht sein oder werden. So wurde Ende 2016 in Argentinien einer Habeas Corpus-Beschwerde einer Schimpansin stattgegeben: Mit dem erteilten Urteil wurde Cecilia aus ihrem Käfig im Zoo von Mendoza entnommen und in ein »großflächiges Menschenaffenrefugium« überführt.[309] Auch andere Richter haben bereits in diesem Sinne geurteilt und Tiere als klagende Rechtssubjekte anerkannt. Und es kann durchaus

307 Shurin et al.: Ecosystem.

308 Jørgensen: Lost Species, S. 9.

309 Stucki: Menschenrechte, S. 319; 330. Zur Diskussion vgl. Favre: Living Property.

knifflig werden: Der Fall eines indonesischen Schopfmakaken war ein schwieriger Prozess. Der Fotograf David Slater hatte die vom Aussterben bedrohten Affen fotografiert und dabei ein Selfie von einem der Affen produzieren lassen. Wer hatte nun die Rechte an dem Foto? Der Affe oder der Fotograf? Und wer sollte vom Verkauf des Fotos profitieren? Slater klagte gegen Wikimedia, die das Foto als commons eingestuft und veröffentlicht hatten. Auch PETA (People for the Ethical Treatment of Animals), eine Tierschutzorganisation, die die Rechte an dem Foto beim Affen sah, klagte. Ein zunächst geschlossener Vergleich wurde 2019 von einem US-Berufungsgericht aufgehoben und zugunsten des Journalisten entschieden.[310] Die Rechte des Affen sollten nicht allzu weit gelten.

Während Tiere in die heutige Rechtsprechung integriert werden können, ist es für Landschaften – Flüsse, Sümpfe, Berge, usw. – sehr viel schwieriger, den Status einer juristischen Person zu erlangen. Sie fühlen nichts, müssen wir derzeit annehmen, sie reflektieren wenig, aber sie sind von existenzieller Notwendigkeit im Lebensgefüge des Planeten. Umso wichtiger sind die jüngsten Prozesse, in denen Flüsse ein Gerichtsverfahren gewonnen haben. Im Jahr 2016 wurde der Fluss Atrato in Kolumbien zu einer juristischen Person erklärt. Der Whanganui in Neuseeland wurde 2017 als Rechtsperson anerkannt und 2019 haben Gerichte in Bangladesch und Guatemala ähnlich entschieden und verfügt, dass Flüsse nicht durch Verschmutzung oder Baumaßnahmen gefährdet werden dürfen.[311] In der Republik Guatemala wurde 2019 ein Fluss als Rechtssubjekt mit Existenzrecht anerkannt. In der Verfassung Ecuadors heißt es in Artikel 71, dass die Natur das Recht hat, respektiert

310 Süddeutsche Zeitung: Makake Naruto.
311 Janisch: Fluss.

und erhalten zu werden.[312] Auf dieser Grundlage entschied das ecuadorianische Verfassungsgericht 2021, dass die Kupfer- und Goldextraktion im Nebelwald von Los Cedros verfassungswidrig sei und stoppte die Vorhaben von Enami EP.[313] Die Unterschiede zum Beschluss des Bundesverfassungsgerichts in Karlsruhe aus dem Jahr 2021 sind deutlich: Hier werden die Menschen zum Klimaschutz verpflichtet, sie sind auch in Zukunft justiziabel, die Natur bleibt aber in ihrem Rechtsstatus unangetastet.[314]

Klagende Tiere und Ökosysteme verweisen auf Veränderungen im Mensch-Natur-Verhältnis. Über den reinen Tierschutz hinaus werden Grundrechte anerkannt, die in Anlehnung an die Menschenrechte unveräußerliche und unveränderbare Rechte auf Leben und Unversehrtheit vorsehen.[315] Damit wird mit einer globalen Rechtstradition gebrochen, die Tiere und Landschaften grundsätzlich den Sachen zuordnet und sie nicht als eigenständige Rechtssubjekte anerkennt.[316] Diese Anerkennungen folgen einer Entwicklung, die die bürgerliche Gesellschaft in den letzten zwei Jahrhunderten mit konzentrischen Inklusionen von verschiedenen Menschengruppen vollzogen hat. Die Anpassung an menschliche Rechtsverhältnisse steht somit in einem Spannungsverhältnis zur More-Than-Human-Geschichtsschreibung, die die Dezentrierung und Relationierung des menschlichen Akteurs betont.

312 Gutmann: Pachamama, S. 611 f.

313 Guzmán: Bergbau im Nebelwald.

314 Bundesverfassungsgericht: Leitsätze.

315 Stucki: Menschenrechte, S. 321. Jenseits der Frage nach den praktischen Folgen dieser Rechtsprechung liegen die erfreulichen Konsequenzen für die traditionelle Geschichtswissenschaft auf der Hand. Die Gerichtsverfahren hinterlassen Quellen. Tiere, Flüsse oder Berge werden vor Gericht von Personen und Organisationen vertreten, die schriftliche Dokumente produzieren.

316 Janisch: Fluss.

3.3. Menschen im relationalen Netz

Für die Dezentrierung und Relationierung des menschlichen Akteurs werden derzeit verschiedene Register aufgerufen. Biologie, indigene Wissenssysteme und Akteur-Netzwerk-Theorie haben diesbezüglich den größten Einfluss.

Holobionten, Tentakel, Chthuluzän

Die Figur des Holobionten, mit der in der Biologie ein Organismus bezeichnet wird, der viele Symbionten umfasst, wird im Anthropozän-Diskurs genutzt, um eine übergreifende Perspektive auf Symbiosen und Verflechtungsgefüge auf den Punkt zu bringen. Damit wird, so der Evolutionsbiologe Scott Gilbert, die ursprünglich auf die Pflanzenbiologie beschränkte Bedeutung des Begriffs deutlich überschritten.[317] Gilbert sieht darin einen von ihm begrüßten Angriff auf gängige Formen, Individualität zu definieren, sei es über körperliche Abgeschlossenheit, genetische Eindeutigkeit oder die Besonderheit des Immunsystems. Er postuliert, dass Menschen nichts anderes als Holobionten sein könnten:

> … major symbiotic webs rule the planet, and within these big symbioses are the smaller symbiotic webs of things we call organisms. And within organisms are the products of even more ancient symbioses called cells, and the products of other ancient symbioses, which we call genomes. Symbiosis is the way of life on earth; we are all holobionts by birth.[318]

Auch die Biologin und Wissenschaftsphilosophin Donna Haraway bezeichnet Holobionten im Anschluss an Lynn

317 Gilbert: Holobiont, M73.
318 Ebd., M84. Vgl. Nova/Disnovation.Org: Bestiary.

Margulis als »symbiotic assemblages, at whatever scale of space and time«.[319] Haraway, die 1985 mit ihrem Cyborg-Manifest als eine der Ersten auf die porösen Grenzen des Humanen aufmerksam machte,[320] betrachtet in ihren neueren Büchern das Tentakuläre im Zeitalter des Chthuluzäns (Haraways Alternativbegriff zum Anthropozän): Gesellschaften bestünden nicht nur aus Individuen und menschlicher Geschichte, sondern aus den »Tentakulären«. Der von der Spinne Pimoa Cthulhu abgeleitete Begriff illustriert die Verbindungen zwischen Menschen und Nichtmenschen. Er beinhaltet sowohl Tiere und Insekten als auch neuronale Verbindungen, »myofibrilläre Verflechtungen«, Wurzeln, Kletterranken und »fungale Gewirre«.[321] Diese Verhältnisse beschreibt sie in Anlehnung an die Rhizomnetze folgendermaßen: »Tentakularität handelt vom Leben entlang von Linien – einem so großen Reichtum von Linien – nicht vom Leben an Punkten oder in Sphären.« Das Leben könne sich zukünftig, so Haraway darüber hinaus, nur sympoietisch gestalten; stetig rankten die einzelnen Wesen an den Rändern weiter.[322] Der utopische Gehalt dieser Bildsprache übersetzt sich bei Haraway nicht in ein klares analytisches Gerüst. Der Krake, Haraways Lieblingstier, steht vielmehr als omnipotente Metapher für die Idee der planetarischen Interdependenz. Den mit ihren

319 Haraway: Symbiogenesis, M26. Vgl. auch: Brandstetter/Reichholf: Symbiosen.

320 Haraway: Cyborgs. Die ältere philosophiegeschichtliche Tradition der Kritik am Humanismus durch Heidegger, Foucault und Derrida sei damit nicht unterschlagen.

321 Haraway: Unruhig bleiben, S. 49. Siehe auch den Ausstellungskatalog des Rijks Museum Amsterdam: Crawly Creature.

322 Haraway: Unruhig bleiben, S. 50 f. Latour bezeichnet »Welt« als eine »Komposition« alles Existierenden. Latour: Kampf um Gaia, S. 70. Zugänglicher sind die Aufsätze des Sammelbands Dooren/Chrulew (Hg.): Kin.

Ansichten verwandten Posthumanismus lehnt Haraway jedoch ab, da er keine Produktivität impliziere; demgegenüber setzt sie den Kompost/Humus, die Effektivität und Fruchtbarkeit des Abfalls: »Ich bin eine Kompostistin und keine Posthumanistin.«[323] In diesem Kompost müsse man sich »verwandt machen«.

Während Haraway die Figur des Oktopus als Heuristik und paradigmatische Lebensform zugleich verwendet, ist bei anderen Autoren ein eher zurückhaltender Umgang mit Tieranalogien zu beobachten. So bezeichnet der Historiker On Barak den Oktopus zwar als eine gute und treffende Illustration, um über den kohlebasierten britischen Imperialismus nachzudenken, betont aber, dass er damit ausschließlich auf die Quellensprache des 19. Jahrhunderts zurückgreife.[324] Andere jedoch rezipieren die Assoziationskette der in Holobionten angelegten Sympoiesis gewinnbringend, wie die französische Künstlerin Sonia Levy am Beispiel der Korallen: »They subvert the notion of individuality to convey this complex notion that life forms are always already entangled, enfolded into each other at a local scale whilst affecting global processes.«[325] Grundlage ihrer Beschreibung des konkreten Falles ist das lebensnotwendige Vorhandensein von Algen in den Korallen – Zoocanthellae –, die für die Zucker- und Sauerstoffversorgung der Korallen verantwortlich sind.[326]

323 Haraway: Unruhig bleiben, S. 140.

324 Barak: Powering Empire, S. 9f.

325 Der Anstieg der Wassertemperatur führt dazu, dass die Algen die Koralle verlassen und sie damit nicht überleben kann. Sichtbarer Ausdruck des Sterbensprozess der Koralle ist die Annahme einer weißen Farbe. Levy: Corals, S. 33.

326 Gilbert: Holobiont, M74f.

Plurale Naturverhältnisse – indigene Wissenssysteme

Der Anschluss an Haraway und die damit verbundene Verwendung eines biologischen Modells als Metapher ist zentral in den Ansätzen der More-Than-Human-History. Dagegen ist auch nichts einzuwenden, da Metaphern das Verständnis der Welt in der Regel erleichtern.[327] Die Geschichtswissenschaft hat schon immer redlichen Gebrauch von Metaphern gemacht. Die mit den Holobionten verbundene Denkweise hat aber noch einen weiteren Hintergrund, der sich unter der Bezeichnung »indigene Wissenssysteme« zusammenfassen lässt.[328] Indigene Wissenssysteme bezeichnen Wissensstrukturen und Praktiken, die an lokale Populationen gebunden sind, von diesen oft mündlich tradiert werden und sich auch, aber nicht ausschließlich, auf das Ökosystem beziehen, in dem sie leben. Auf politischer Ebene, z.B. in der UN-Erklärung über die Rechte der indigenen Völker von 2007, wird indigenes Wissen u.a. als schützenswertes Gut, als Modell für Resilienz im Klimawandel und für nachhaltige Ressourcennutzung hervorgehoben.[329] Die Erforschung der heterogenen Naturvorstellungen indigener Gruppen und die damit einhergehende Auflösung von Dichotomien zwischen Natur und Kultur sowie zwischen Mensch und Tier stehen seit jeher im Fokus der Anthropologie.[330] Indigene Wissenschaftlerinnen wie die Potawatomi und Botanikerin Robin W. Kimmerer betonen darüber hinaus die komplementären Wissensordnungen indigener Gruppen und des »Westens«.[331]

327 Demand: Metaphern; Lakoff/Johnson: Metaphors.

328 Für einen Überblick Mistry: Indigenous Knowledges.

329 UN-Generalversammlung: Erklärung. Die UN geht davon aus, dass weltweit etwa 476 Millionen Menschen zu indigenen Gruppen gehören.

330 Descola: Jenseits.

331 Kimmerer: Sweetgrass.

Vielerorts ist indigenes Wissen Teil eines animistischen Weltbildes, d.h. insbesondere Pflanzen, aber auch Steine werden als potenziell kommunizierende und beseelte Wesen wahrgenommen.[332] Darüber hinaus teilen manche indigene Gruppen Vorstellungen einer Interdependenz zwischen Menschen, Tieren und Pflanzen.[333] Viele Gruppen wie die Quechua in den Anden[334] oder die Navajo in Nordamerika[335] gehen davon aus, dass die sie umgebenden Berge, Flüsse und Wälder lebendige Wesen sind. Es ist diese relationale Epistemologie, die inhaltliche Verwandtschaften zu Vorstellungen einer holobiontischen Existenzweise, der rhizomatischen Beziehung und Wirkmächtigkeit von Materie, pflanzlichen Organismen und Dingen aufweist, wie sie auch im Rahmen verschiedener More-Than-Human-Ansätze diskutiert werden.[336] Relationalität und Verwandtschaft sind die zentralen Merkmale, mit denen sich viele der im Detail durchaus heterogenen Naturverhältnisse indigener Gruppen beschreiben lassen.

Mehr Ambivalenz erzeugt der Versuch, Sympoiesis als Naturromantik oder als schamanistische Verwobenheit von Mensch und Natur zu verklären. Bieten andere, als indigen bezeichnete Lebenswelten aufgrund ihrer Kommunikation mit Tieren, Pflanzen und Dingen tatsächlich Anhaltspunk-

332 Für die anthropologische Diskussion vgl. Kohn: Forests; Bird-David: Animism; Helander-Renvall: Nature of Reality; Todd: Ontological Turn. Der Ausgangspunkt für die anthropologische Diskussion war Taylor: Primitive Culture.

333 Helander-Renvall: Animism, S. 44.

334 Historisch differenziert Zimmerer: Changing Fortunes.

335 Griffin-Pierce: Earth, S. 27 ff.

336 Der australische Medien- und Kulturwissenschaftler Joseph Pugliese hat jüngst eine scharfe Kritik an der fehlenden Benennung der philosophischen Verwandtschaft zwischen Ansätzen des Neuen Materialismus (speziell bei Jane Bennet) und den indigen Wissensystemen formuliert. Seiner Meinung nach findet hier erneut eine imperiale Inbesitznahme statt. Pugliese: Biopolitics.

te für diese Annahme? Philippe Descola verweist etwa auf den Schamanen, der die Beziehungen zwischen verschiedenen Entitäten organisiert und keine scharfen ontologischen Unterscheidungen trifft, sondern auf der »Plastizität der Grenzen in der Taxonomie des Lebenden«[337] besteht. Ohne die Konkretisierung einer bestimmten Wissensform, etwa der Zeitvorstellungen der australischen Ureinwohner, bleibt der Hinweis auf indigenes Wissen als beispielhaft für ein nachhaltiges/resilientes Leben im Anthropozän jedoch eher eine weitere Variante kolonialer Topoi im Gewand des Posthumanismus.[338] Am Beispiel der Inuiit Kanadas verdeutlicht der Politikwissenschaftler und Post-Colonial-Kritiker Julian Reid diese Position. Angesichts der Tatsache, dass Eisbären in den letzten Jahren immer näher an besiedelte Gebiete herangerückt sind, fordern indigene Bewohner mehr Schutz und die Freigabe der Bären zur Jagd. Damit stehen sie im Widerspruch zu den staatlichen Plänen, die Bären zu schützen. Während sich der Staat zunehmend auf indigenes Wissen beruft, um seine Naturschutz- und Umweltpolitik zu legitimieren, verhalten sich die Inuit als Jäger von Tieren, die den menschlichen Siedlungsgebieten zu nahe kommen. Für diese Gruppe der Inuit lassen sich keine Vorstellungen und Praktiken nachweisen, die die Gleichwertigkeit oder enge Verwobenheit von Mensch und Tier illustrieren. Anthropologen wie Frédéric Laugrand betonen vielmehr, dass die von ihnen untersuchten Gruppen wie Inuit oder die Cree in erster Linie Jäger seien, »neither ecologists nor conservationists.«[339] So ist der Widerstand

337 Descola: Jenseits, S. 31.

338 Chandler/Reid: Speculative Turn; vgl auch: Voland/Weise: Naturrezeption; Larsen: Nature of the Posthuman.

339 Nach Reid: Climate Migration, S. 3. Reid zitiert Laugrand/Oosten: Inuit Perception, S. 8. Reid verweist auch auf den in diesem Zusammenhang ironischen doppelten Maßstab bei der Betrachtung von klima-

der Inuit gegen die herannahenden Eisbären, die sie als zu zahlreich beschreiben, und der staatliche Versuch, genau diese Bären zu schützen, weil ihre Art bedroht sei, die Umkehrung der Annahme einer indigenen, nicht-westlichen Verwandtschaft zwischen Artgenossen. Der Wechsel der Diskursposition ist an sich schon ein geschichtswissenschaftlich relevanter Untersuchungsgegenstand. Ähnliche Diskurslinien lassen sich aus europäischer Perspektive bei der Ansiedlung von Wölfen nachzeichnen. So manch Indigener sieht hierbei mehr Probleme als Lösungen, so manches Schaf hatte sich in der grünen Weidelandschaft in unmittelbarer Nachbarschaft zum Menschen wohl und sicher eingerichtet. Wir können nicht wissen, wie die wenigen frei weidenden Schafherden die Begegnung mit Wölfen erleben. Romantische Vorstellungen, die sich dann in ein wissenschaftliches Programm der Tentakularität übersetzen, sollte man sich jedoch nicht machen.

Jenseits der politischen Instrumentalisierung und der Gefahr einer erneuten Verallgemeinerung indigener Naturverhältnisse liegen die alltäglichen Spannungen im Multi-Spezies-Dasein. Ein besonders eindrückliches Beispiel ist die gemeine Nacktschnecke, die der britische Geograf Franklin Ginn als Testfall für den menschlichen Wunsch nach menschlich-tierischer Koexistenz bezeichnet hat: »Slow, apparently stupid, cold-blooded, horrible to look at, worse to touch and all that before you even begin

induzierter Migration: Während die Migration von Tieren, etwa Polarbären, zu zahlreichen Schutzkonzepten führt, würde die klimainduzierte Migration von Menschen nur als Überforderung der Auffangsysteme diskutiert. Vgl. die generelle Kritik an »becoming indigenous« bei Chandler/Reid: Becoming Indigenous. Gegen die Romantisierung spricht auch das Aussterben der Megafauna vor circa 50000 Jahren in Australien, nachdem Menschen dort zu siedeln begannen. Auch die Ankunft der Maori auf Neuseeland um 800 n.Chr. führte zu einer Aussterbewelle unter den Tieren.

to consider their appetite and capacity for horticultural destruction.«[340] So lautete die präzise Beschreibung der Nacktschnecke in der »Daily Mail« vom 19.8.2008. »In Britain«, schreibt Ginn, »it is the domestic garden, or yard, that the slimy choreography of slugs and humans is at its most intimate.«[341] Doch zu dieser Intimität gesellt sich der harte Konkurrenzkampf, welche Spezies die engere Beziehung zu den Gartenpflanzen eingehen darf – der Mensch oder die Schnecke. Daraus folge, und das ist ein wesentlicher Punkt in seiner Absetzung von harmonisierenden Verflechtungsvisionen, die für den Garten und die Garten-Mensch-Beziehung notwendige Unterbrechung der Pflanze-Schnecken-Verbindung u.a. durch das Töten oder Vertreiben der Schnecken. Etwas allgemeiner ausgedrückt, versucht er, der Feier aller Verbindungen zwischen den Spezies die Existenz von Konkurrenz und Notwendigkeit einer Distanz zwischen den Arten gegenüberzustellen.

Es ließen sich ohne Weiteres noch andere zwischenartliche Konfliktbeziehungen aufzählen, die entweder politisch problematisch, medizinisch nicht empfehlenswert oder aber gar für beide Seiten lebensbedrohlich sind.[342] Tiere treten meist dann in den Raum der Geschichte, wenn sie in eine enge oder gewalttätige Beziehung zum Menschen rücken, d.h. wenn sie die von Menschen gehaltenen Schafe oder gar einen Menschen fressen. Brett Walker argumentiert, dass Tiere, wenn sie die natürliche Welt verlassen, d.h. wenn sie Intimität mit Menschen eingehen, in eine unnatürliche, quasi kulturelle Beziehung treten und damit erst Teil der Geschichte und der Geschichtsschrei-

340 Zit. nach: Ginn: Sticky Lives, S. 533.

341 Ebd., S. 532.

342 Vgl. beispielsweise die tödliche Mensch-Wolf-Geschichte in Walker: Animals.

bung werden.[343] Für die Geschichtswissenschaft sind diese »naturalcultural borderlands«[344] am ehesten zu erfassen, da sie Spuren in den Archiven der Menschen und archäologische Fundstellen hinterlassen. Die Auflistung gefährlicher Multi-Spezies-Beziehungen soll nicht den methodischen Ansatz als solchen infrage stellen, sondern vielmehr seinen überschwänglichen, manchmal romantischen Beiklang einschränken, der auf der Suche nach neuen Geschichten friedlicher Koexistenz und gegenseitiger Abhängigkeit Hoffnung auf eine Verbesserung der Verhältnisse machen oder Beispiele von Resilienz liefern soll.[345]

Technosphere

Wem die Annahme, der Mensch sei eine Ansammlung mikrobakterieller Gemeinschaften, historiografisch nicht relevant genug erscheint, um deren Perspektive in die eigene Geschichtsschreibung zu integrieren, der muss sich mit weiteren Einwänden gegen die Einzigartigkeit und Abgrenzbarkeit des Menschen auseinandersetzen. Die Genetik, die Robotik, die Prothetik, aber auch die Psychologie gehen davon aus, dass das System Mensch nur in seiner Zusammensetzung und in der Auseinandersetzung mit seiner materiellen Umwelt verstanden werden kann. Andere Ansätze gehen darüber hinaus und schlagen unter verschiedenen methodischen Stichworten (New Materialism, ANT, Science & Technology Studies) die Erweiterung des Spezies-Spektrums durch technologische Entwicklungen vor, etwa durch künstliche Intelligenz, mechanische

343 Walker: Animals, S. 53.

344 Kirksey/Helmreich: Emergence, S. 548.

345 Abwägend zur radikalen Einebnung der Unterschiede zwischen Menschen und anderen Spezies auch Hanusch et al.: Planetar denken, S. 46 ff.

Ersatzteile des Körpers oder Xenotransplantation.[346] Die jüngst entwickelten Techniken der KI überschreiten die bisherigen Grenzen digitaler Aktivitäten deutlich und erweitern durch ihre eigenständige Konstruktionsleistung den Akteursbegriff. Latours berühmter Satz »Consider things, and you will have humans. Consider humans, and you are by that very act interested in things«[347] könnte aktueller nicht sein und verweist auf die von ihm favorisierte Einebnung absoluter Grenzen zwischen Dingen und Menschen. Die von Latour und John Law vorgeschlagene Einbettung technischer Artefakte in die Akteur-Netzwerk-Theorie ist Teil des Versuchs, Dichotomien zwischen Natur und Kultur, zwischen Mensch und Ding aufzulösen und die Produktion historischer Wirklichkeit aus dem Wandel der jeweils immer neu zusammengesetzten Entitäten zu erklären.[348] Damit sind ANT-Geschichten eng verwandt mit More-Than-Human-Ansätzen. Ich möchte dies an einem Beispiel vorführen: einer Xenotransplantation.

Fäden einer Transplantation

Die Transplantation eines Schweineherzens in einen menschlichen Körper im Januar 2022 hat die prothetische und fragile Abhängigkeit des Menschen von tierischen Körpern aufgezeigt. Die Verwendung eines Tierherzens stellt den bisherigen Höhepunkt der Versuche dar, Körperteile von Tieren in der Humanmedizin einzusetzen. Der Patient David Bennett, der zunächst überlebte, dann aber verstarb, verdeutlicht nicht nur die enge, wenn auch asymmetrische Be-

346 Eine sehr gut lesbare Einführung in die verschiedenen Facetten des *new materialism* aus der Perspektive eines Historikers ist: LeCain: Matter of History, S. 67–139. Vgl. auch Tamm/Simon: More-Than-Human, S. 203; Renn: Geoanthropology.

347 Latour: Berlin Key, S. 20.

348 Vgl. Neu: ANT, S. 34.

ziehung zwischen Mensch und Tier, sondern auch die relationale Position, die Objekte (hier: das Schweineherz) in dieser Beziehung einnehmen können. Experimente mit Organtransplantationen begannen Ende des 19. Jahrhunderts. Zunächst konzentrierten sich die Mediziner auf Transplantationen von Mensch zu Mensch, doch erst 1954 gelang die erste Nierentransplantation. In den 1960er Jahren folgten Lungen-, Bauchspeicheldrüsen-, Leber- und Herztransplantationen. Seit den 1980er Jahren beschäftigen sich Mediziner mit der Xenotransplantation, also der Verpflanzung artfremder Organe. Im Jahr 2018 wurde in Deutschland ein Schweineherz in einen Pavian transplantiert, der einige Zeit überlebte. Schweine gelten als ideale Organspender für den Menschen, da ihr Stoffwechsel dem des Menschen ähnelt. Aus diesem Grund wird Schweinegewebe seit Langem für Herzklappen beim Menschen verwendet.

Hinter der Xenotransplantation steckt jedoch mehr als die traditionelle Geschichte der Nutzung von Tieren als Ressource für den Menschen. Erstens können wir mit Haraway und vielen anderen argumentieren, dass sich der Charakter eines Menschen verändert, wenn er auch aus tierischen Organen, künstlicher Intelligenz oder klassischen künstlichen Gliedmaßen besteht.[349] Zweitens hatte sich auch das Organ im Zuge des Transplantationsprozesses gewandelt. Es handelte sich bei dem transplantierten Organ nicht mehr um ein genuines Tierherz. Um Abwehrreaktionen des menschlichen Immunsystems zu vermeiden, war das Spendertier zuvor gentechnisch manipuliert worden. Vor allem die Zuckerstrukturen auf der Oberfläche der Schweinezellen gelten als problematisch. Das Herzwachstum wurde gentechnisch gestoppt und sechs menschliche Gene wurden zur Beruhigung des Immunsystems einge-

349 Haraway: Cyborgs.

baut. Es war ein humanisiertes Schweineherz geworden. Ist ein derartiges Schweineherz immer noch ein Organ, das der menschlichen Spezies fremd ist? Wie viele genetische Veränderungen sind nötig, um das Schweineherz und damit auch das Schwein zu humanisieren? Und schließlich: Wann wird der Mensch zum Tier? Dieser Faden der Geschichte würde sich auf die sich im Prozess verändernden Definitionen von Mensch und Tier konzentrieren, die während der Züchtung und Transplantation entstehen.

Aber es gibt noch einen anderen lohnenden Faden der Geschichte: Die Xenotransplantation ist zum Aushängeschild moderner medizinischer Spitzenleistungen im globalen Wettbewerb geworden. Im Gegensatz zu manchen Ansätzen im neuen Materialismus gehe ich nicht davon aus, dass das Schweineherz eine eigene Handlungsmacht besitzt. Ja, es schlägt und bewegt Blut, es ermöglicht Leben, es hat existenzielle und wünschenswerte Wirkungen. Aber es sind die globalen Biotech-Unternehmen mit ihren CEOs und die Mediziner, die das Schweineherz klonen, verpflanzen und mit dem menschlichen Körper verbinden. In den letzten Jahrzehnten hat die Kommerzialisierung des Körpers und seiner Körperteile dramatisch zugenommen und ist zu einem wichtigen Faktor in globalen Handelsketten und nationalen Volkswirtschaften geworden. Die Biotechnologie verspricht viele Verfahren, um das menschliche Leben zu verbessern und zu verlängern: Pillen, Diäten, plastische Chirurgie, Transplantationen, Geschlechtsumwandlung, Reproduktionstechniken, genetische Kontrolle der Nachkommen, Stammzellen, gefrorene Eizellen und eingefrorene Körper, um nur einige zu nennen.[350] Das Schweineherz ist nur ein Symbol für einen wachsenden globalen Markt. Ein Markt, auf dem Grenzüberschreitun-

350 Den breiteren Fokus diskutieren Alexander et al.: Rejuvenation.

gen zwischen Tier und Mensch, zwischen den Geschlechtern, zwischen Leben und Tod, zwischen Gegenwart und Zukunft normalisiert werden. Das Unternehmen, das die genannte Xenotransplantation organisierte, war United Therapeutics, ein expandierendes Unternehmen in den USA. Im Januar 2023 betrug die Marktkapitalisierung von United Therapeutics 11,8 Milliarden Dollar.[351] Martine Aliana Rothblatt ist die Gründerin und Präsidentin von United Therapeutics. Sie ist der führende Kopf hinter der Xenotransplantation und hinter der Idee, dass wir bald in der Lage sein werden, das menschliche Gehirn vollständig in künstliche Intelligenz einzuspeisen und so digitale Unsterblichkeit zu erlangen.[352] Die studierte Juristin begann ihre Karriere in der Satellitenkommunikation und Weltraumforschung. Sie gründete 1996 United Therapeutics und wurde 2001 in Medizinethik zum Thema Xenotransplantation promoviert. In der Zwischenzeit unterzog sie sich einer geschlechtsangleichenden Operation und wurde eine Aktivistin für die Rechte von Transgender und Transsexuellen. Im Jahr 2011 veröffentlichte sie: »From Transgender to Transhuman: A Manifesto On the Freedom Of Form«.[353] In ihrer Biografie und ihrer Arbeit sind die Grenzüberschreitungen und das medizinisch Machbare wesentlich. Darüber hinaus gehört sie zu denjenigen Biotech-Ingenieuren, die glauben, dass die meisten aktuellen Probleme durch Technologie gelöst werden können.

In dem beschriebenen Fall lässt sich auch die Grenze zwischen Tier und Technologie nicht scharf ziehen, und hier zeigt sich ein weiterer Faden der Geschichte. Das Spenderschwein wurde von Revivicor auf einer Schweine-

351 Wikipedia: United Therapeutics.
352 Rothblatt: Virtually Human.
353 Rothblatt: Transgender to Transhuman; Rothblatt: Apartheid.

farm in Virginia geklont, dem weltweit größten Klonunternehmen, das ebenfalls zu United Therapeutics gehört. Das Verfahren war aufwendig und kostete Millionen von Dollar. Das sogenannte GalSafe-Schwein wurde im Dezember 2020 von der US-amerikanischen Food and Drug Administration (FDA) für die menschliche Ernährung und als potenzielle Quelle für biomedizinische Zwecke zugelassen. Allerdings wird es schwierig sein, das GalSafe-Schwein in die Massenproduktion zu überführen. Für ein Spenderschwein werden Hunderte von Eizellen benötigt, die genetisch verändert und einem Leihmutterschwein eingepflanzt werden. Nur aus einem von 200 bis 400 Embryonen entsteht ein brauchbares Spenderschwein. Ist das gezüchtete Schwein am Ende ein Produkt menschlicher und technologischer Eingriffe? Oder ist es noch ein Tier?

Gene sind längst zur Ware geworden, weil sie mit der Genschere entnommen und anderswo eingesetzt werden können. Die Xenotransplantation im Januar 2022 war das vorläufige Ende des weltweiten Wettlaufs in der Xenotransplantation, der seit Jahren zwischen den USA und China ausgetragen wird. Diesmal haben die USA gewonnen. Aber die industrielle Produktion von gentechnisch veränderten Schweinen ist auch in China ein großes Geschäft. Das Land versucht, die Tiere aus vielen Gründen zu verändern: um mehr Fleisch zu liefern, um auf menschliche Krankheiten getestet zu werden und um mehr Organlieferanten zu produzieren. Medizinische Experten, wie zum Beispiel Luhan Yang, die chinesische Geschäftsführerin von Qihan Biotech in China, vermitteln zwischen den USA und China. Yang wurde in den USA ausgebildet, transferierte ihr Wissen nach China und begann dort schließlich mit Experimenten zur Xenotransplantation. Die Geschichten, die sich über das Schweineherz erzählen lassen, verbinden den globalen Biotech-Kapitalismus mit Fragen der Tiergeschichte, mit

Wissen und Wissenschaft, mit Migration und Transfer. Biotech-Kapitalismus – so könnte die Geschichte lauten – normalisiert Transgressionen aller Art. Mit der Schweineherzgeschichte soll nicht die konservative, faschistische oder christliche Kritik an Transgender-Diskursen und Eingriffen in die Körperlichkeit wiederholt werden. Vielmehr geht es mir darum zu zeigen, dass verschiedene globale Phänomene und Diskurse mit einem Objekt – dem Schweineherz – verbunden sein können, die die Geschichtswissenschaft und andere entwirren müssen. Da die Biotechnologien wie alle Technologien eine Schlüsselrolle im kommenden Zeitalter spielen werden, müssen wir in der Lage sein, ermächtigende und relationale Geschichten über sie zu erzählen. Ohne Menschen ergibt die Geschichte keinen Sinn. Ohne Schweine aber auch nicht.

Streitfall Anthropos

Die Geschichte der Xenotransplantation verdeutlicht die Notwendigkeit, den Menschen als Produkt von Relationen zu betrachten. In der Anthropozän-Debatte fungiert der Anthropos häufig als Zielscheibe der Kritik und wird als Gegenbild für die beschriebenen alternativen Ansätze – Holobionten und Chthuluzän, Rhizome und Technosphäre – aufgerufen.[354] Die geologische und erdsystemwissenschaftliche Verwendung des Begriffs differenziere nicht die globale Ungleichheit des Ressourcenverbrauchs oder die Folgen der Klimakrise, so die Kritik. Zudem vermuten einige Autoren in der Figur des Anthropos eine mögliche Renaissance des Geo-Ingenieurs, der sowohl als Verursacher der Krise als auch als Retter aus der Krise überhöht werden solle. »Anthropos«, schreibt die Wissenschaftshis-

354 Die philosophischen Hintergründe sind gut zusammengefasst in Crowley: Accidental Agents.

torikerin Bensaude-Vincent in einem Rundumschlag, »is a fiction that testifies to the dominant western ethnocentric vision of the world and of history.«[355] In der Schärfe der Auseinandersetzung und Ablehnung erinnert dies an die Figur des homo oeconomicus, die ebenfalls als wirtschaftswissenschaftliche Fiktion auf den Müllhaufen der Geschichte geworfen wurde, ungeachtet der Tatsache, dass es sich um ein Modell handelte. Auch die feministische Philosophin Rosi Braidotti sieht in der Figur des Anthropos eine Megaperformanz des Bösen: Sie fördere eine »egozentrische Einstellung« und etabliere eine »Hierarchie von Wertunterschieden«: »Dieses Verständnis legitimierte oft ein gewalttätiges und kriegerisches Verhältnis zu den sexualisierten, rassisierten und naturalisierten ›Anderen‹, die sich in den Nischen der abgewerteten Differenz befanden. Die universalistischen Ansprüche wurden als exklusiv, androzentrisch und eurozentrisch kritisiert. Sie begründen maskulinistische, rassistische oder rassensuprematistische Ideologien, die kulturelle Besonderheit in eine falsche Allgemeinheit verwandeln und Normalität in ein normatives Gebot.«[356]

Rosi Braidotti und Donna Haraway sind sicherlich die exponiertesten Denkerinnen auf diesem Gebiet, auch wenn der Posthumanismus sie voneinander trennt. Haraway hat die Natur des Menschen als das Ergebnis mikrobiologischer, genetischer, künstlicher und ökologischer Interaktionen zwischen Menschen und anderen Spezies deutlich betont und damit die Natur/Kultur-Dichotomie infrage gestellt. Auch Braidotti beschreibt die Notwendigkeit, »die radikale Relationalität, das heißt nichteinheitliche Identitäten und vielfältige Zugehörigkeiten« zu betonen.[357] Dar-

355 Bensaude-Vincent: Rethinking Time, S. 207.
356 Braidotti: Posthumanismus, S. 147.
357 Ebd., S. 148.

über hinaus postuliert sie eine epistemologische Krise, die aus der Neupositionierung des posthumanen Subjekts resultiere: »Die Dezentrierung des Anthropozentrismus, die die Artenhierarchie über den Haufen wirft, raubt dem Humanen seine Grundlage und seinen Halt, wodurch das Gebiet der Humanities die notwendige epistemologische Fundierung verliert.« Die Zukunft der westlich geprägten Geisteswissenschaften sei offen, sie müssten sich einer radikalen interdisziplinären Relationalität öffnen, um der Bedeutungslosigkeit zu entgehen.[358] An ihre Stelle setzt Braidotti die »Anthropozän-Humanities«[359] als eine der Wissensformen, die ein neues Verhältnis zwischen Geistes- und Naturwissenschaften anstreben.

Bei aller notwendigen Kritik an und Dekonstruktion von unbenannter Hegemonie und fehlender Differenzierung im Fall des Anthropos ist daran zu erinnern, dass es viele Historiker und Historikerinnen mit historischen Epochen zu tun haben, in denen diese Figur im Guten wie im Schlechten mobilisierend gewirkt hat. Die aufklärerische Idee eines freien, männlichen und weißen Subjekts diente anderen als Vorbild. Sie wurde zur anvisierten Zielgeraden revolutionärer Bestrebungen und sozialer Bewegungen. Sie wirkte als Folie für die Überwindung von Sklaverei, Ungleichheit, Rassismus und anderen Formen der Diskriminierung. Einmal in der Welt, wurde Rhetorik von Freiheit und Gleichheit in den letzten 250 Jahren von Sklaven, Kolonisierten, Frauen und anderen aus dem ursprünglichen Entwurf Ausgeschlossenen (heute: Flüsse und Tiere) hartnäckig und eigensinnig genutzt, um gegen die europäischen Besatzungsmächte, gegen die Exklusion bei Wahl- und Eigentumsrechten und gegen rassistisch segregierte Ge-

358 Ebd., S. 148 f.
359 Ebd., S. 163.

sellschaften zu kämpfen. Natürlich war die Perfectibilité, die Verbesserungsfähigkeit des Menschen, auch die Grundlage der imperialen Herrschaft, die vor allem in Frankreich unter Berufung auf die globale Bedeutung der Französischen Revolution und ihrer Werte das Kolonialreich pädagogisch und moralisch legitimierte. Doch dieselben Werte, so ist zu postulieren, brachten es zu Fall.

Meine Zweifel an Denkpositionen, die grundsätzliche Aussagen mit globaler Gültigkeit formulieren, mögen als Historikerin naheliegend sein. Können solche Grundsatzbekenntnisse über den Charakter des Menschen – zumal ex negativo – etwas zur Analyse des historischen Wandels, zur globalen Ungleichheit der Versorgungssicherheit oder zur konkreten Ausgestaltung eines historischen Forschungsdesigns beitragen? Ich denke nicht. So überzeugend es sein mag, die Figur des modernen Subjekts – des Anthropos – infrage zu stellen, zumal in seiner Modellversion als weißer bürgerlicher Mann, der stets seine Individualität und Freiheit betonte, obwohl seine Existenz von der Arbeit von Sklav*innen und Ehefrauen abhing, so wenig können wir auf historische Vorstellungen des Subjekts und politische Verantwortung von Akteuren verzichten.[360] Gegen den posthumanen Frontalangriff auf den Anthropos, den nicht nur Braidotti vornimmt, positioniert sich dementsprechend Gegenwehr: So verteidigt nicht nur John McNeill die wichtige Rolle des Menschen in der Geschichtsschreibung.[361] Der schwedische Humangeograf Andreas Malm betont die Notwendigkeit von Widerstand und Verantwortung.[362] Es ist geradezu absurd, in der gegenwärtigen Situation diejenigen aus der Verantwortung zu entlassen, die

360 Gilbert et al.: Symbiotic View.
361 McNeill: Biological Exchange, S. 433.
362 Malm: Fortschritt, S. 33 ff.

für die Klimakrise verantwortlich sind. Aus diesen Gründen erscheint es mir nicht zielführend, den Menschen so zu nivellieren, dass der Unterschied zu einem Einzeller kaum noch wahrnehmbar ist. Modelle, wie die von Rosi Braidotti, entlassen den Homo Sapiens aus seiner Verantwortung. Die menschliche Erfahrung von Gewalt, von Schmerz und Verlust, die den Wunsch nach Anerkennung, Reparation und Gerechtigkeit auslöst, verschwindet mit einem radikal posthumanistischen Menschenbild als legitime politische Agenda. Auch Timothy LeCain vertritt die Ansicht, dass der Mensch nicht die Natur beherrscht, sondern Teil der Natur und von dieser geschaffen ist. Der neue Materialismus wird bei ihm zum Gegenbild des postmodernen Sozialkonstruktivismus: Der Mensch sei allein das Produkt seiner materiellen Umwelt.[363] LeCain positioniert sich als Posthumanist, verwirft das intentionale Handeln des Menschen und freut sich, dass die lange Durststrecke des linguistic turn endlich überwunden sei. »How Things Create the Past« triumphiert der Untertitel seiner Monografie. Folgerichtig lehnt LeCain den Begriff des Anthropozäns aufgrund seiner Bindung an den Anthropos ab. Die Begründung aber ist interessant: Die Verwendung des Begriffs, so LeCain, könnte den Kampf gegen den Klimawandel behindern.[364] Das ist eine interessante Wendung: Welcher Neomaterialist würde einem Begriff so viel Wirkungsmacht zuschreiben?[365]

363 LeCain: Against the Anthropocene, S. 2.

364 Ebd., S. 3. Er reibt sich vor allem am Begriff der Intention, der für ihn auf den Humanismus und die Annahme des freien Willens verweist.

365 Um nicht missverstanden zu werden: Die Studien der letzten Jahre zu Salz, Palmöl und Baumwolle, zu Gold und Kohle, zu Indigo und Vogelexkremente, zu Halbleitern und Plastikwindeln sind wichtige Beiträge zu einer neuen Globalgeschichte, in der sichtbar wird, dass ein Gegenstand, zumal in Form einer Ware, erheblichen Einfluss auf historischen Wandel haben kann, ihn mitunter sogar generiert. Ob wir aller-

Die Ansätze der More-Than-Human-History fordern die Geschichtswissenschaft in einigen zentralen Annahmen heraus und vervielfältigen die zu erzählenden Geschichten. Dieser Zugang führt aber nicht, wie ich am Beispiel des Schweineherzens zu zeigen versucht habe, zu einer vollständigen Dissolution des menschlichen Akteurs. Dass manche Formen des Handelns Intentionalität voraussetzen, lässt sich im Anschluss an die Handlungstheorien der Gegenwart sicher immer noch behaupten. Dass dies auch für bestimmte Tiere gilt, wird wohl niemand mehr bestreiten. Dass es neben dem Handeln auch andere Möglichkeiten gibt, sich in der Welt zu verständigen, also Reiz-Reaktionsschemata, Reflexe, Emotionen, gilt für viele Organismen auf der Erde, sogar für Pflanzen.[366] More-Than-Human-History stellt eindimensionale Menschenbilder in Frage: Im Anschluss etwa an die Akteur-Netzwerk-Theorie oder anthropologische Vorstellungen wird die Figur des Anthropos zugunsten einer Verflechtungsanalyse verworfen. Jedoch bleibt dieser holobiontische/tentakuläre Akteur handlungsfähig, auch wenn sich dieses in der Folge anders erklärt als in herkömmlichen Handlungstheorien.

dings bei jeder geschichtswissenschaftlichen Erneuerung auf den Gräbern des vermeintlich Überholten tanzen sollten, scheint mir fraglich. Auch Pierre Charbonnier kritisiert die neuen metabolistisch-materialistischen Ansätze als reduktionistisch: »The point is thus not to establish the ecological and technological facts relating to the modernization first of the West, then of the world—that is, to chronicle a process that is both fundamental and invisible. Such an approach would simply repeat the mistakes of materialism, which treats historical and social forms as no more than illusory surface phenomena. If the ›Anthropocene‹ can put a name to a sociological and historical rationality, it is because this rationality considers the relationship between nature and society to be the contemporary world's center of gravity and analytical framework.« Charbonnier: Genealogy, S. 220.

366 Zum Verhalten als Erfindung in der zweiten Hälfte des 20. Jahrhunderts vgl. Graf, Vorhersagen.

Die Relationen zwischen Menschen, Tieren, Dingen, Ideen, Landschaften, Klima, Pflanzen usw. bestimmen letztlich das, was wir als agency bezeichnen. Agency entsteht also nicht in einem einzelnen Gehirn in Kontemplation, sondern in ständiger Verflechtung mit einer Vielzahl von Faktoren, so Linda Nash: »It is worth considering how our stories might be different if human beings appeared not as the motor of history but as partners in a conversation with a larger world, both animate and inanimate, about the possibilities of existence.«[367]

367 Nash: Agency, S. 69. Vgl. auch Demuth: Agency.

4. Kontaminierte Geschichtswissenschaft

4.1. Reale und symbolische Kontamination

Abfall, Dreck und Kontaminationen gehören zu den herausragenden Problemen der auf fossilen Energieträgern basierenden Industrie- und Konsumgesellschaft. Die nicht verwertbaren materiellen Überreste industrieller Produktionsweisen – in Form von Luftverschmutzung, Müll, giftigen Schlacken, großen Plastikmengen oder Bauschutt – sind als Gegenstand historischer Untersuchungen bekannt.[368] Gleiches gilt für die journalistische, ethnologische und fotografische Perspektive auf die Ewigkeitslasten und toxischen Kontaminationen von Landschaften und Menschen, etwa durch die Ölförderung von Shell im nigerianischen Niger-Delta, die Wasserverschmutzung im US-amerikanischen Flint oder in der sogenannten Cancer Alley der US-amerikanischen Ölindustrie.[369] Die kontaminierte Ruine ist dem Kapitalismus ebenso eingeschrieben wie dem Produktionsregime des fossilen und nuklearen Sozialismus, etwa in Tschernobyl. Während einige »Ruinen« auch die Hauptverursacher treffen, etwa die Luftverschmutzung durch Feinstaub oder die Schlacken der chemischen Industrie,[370] werden die meisten schmutzigen Überreste entlang der globalen Wohlstandskette weitergereicht und verkauft. Die Entsorgung toxischer Rückstände in sogenannten *ghost acres* ärmerer Länder begleitet, unterstützt und verlängert die nicht-nachhaltigen und auf Kontamination basierenden Produktionsweisen der Industrie- und

368 Jarrige/Le Roux: Contamination; Trentmann: Empire of Things, S. 622–675; Köster: Hausmüll.

369 Okonta/Douglas: Vultures; Frazier: Flint; Misrach/Orff: Petrochemical America. Allgemein Nixon: Slow Violence.

370 Vgl. die fotografische Dokumentation Laube: Hidden Costs.

postindustriellen Länder.[371] Der Versuch, den toxischen Wohlstandsmüll unsichtbar zu machen, spiegelt die Ablehnung der Verantwortung für die Auswirkungen einer auf stetigem Wachstum basierenden Ökonomie und Gesellschaft wider. Welche Regionen im Spektrum globaler Ungleichheit als Mülleimer fungieren, unterliegt historischen Schwankungen, da sich auch die ökonomischen Ordnungen stetig verändern. Die Geschichte der Schwellenländer illustriert diese Veränderungen sehr plastisch. Ihr Widerstand gegen den Status als Mülleimer des Westens hat vielfältige Folgen für die Handelsketten des kapitalistischen Drecks.

Die Zukunft, die wir erwarten können, wenn die Erderwärmung und das Massensterben nicht verlangsamt werden, erfordert eine spezielle Aufmerksamkeit auf Landschaften, die die Spuren von Kontaminationen, Extraktionen und Extinktionen tragen. Die Historikerin Kate Brown geht davon aus, dass es im Anthropozän keine Landschaft mehr geben wird, die diese Spuren nicht trägt. Die Landschaften der zukünftigen Vergangenheiten werden schmutzig sein, erklärt Kate Brown und fordert die Geschichtswissenschaft zur Kreativität bei deren Analyse auf.[372] Den Begriff der Kontamination adverbial zu verwenden, um eine spezifische Form der geschichtswissenschaftlichen Betrachtungsweise vorzuschlagen, mag aufgrund der negativen Konnotation des Begriffs irritieren, verweist seine biologische und medizinische Bedeutung doch auf den Eintrag und die Verunreinigung durch unerwünschte Stoffe wie Schadstoffe oder Pathogene. Historisch dominierte aus hygienischen und moralischen Gründen ein menschliches Di-

371 Müller: Hidden Externalities; Müller: Toxic Ship.
372 Brown: Chernobyl, S. 208. Vgl. auch Brown: Dispatches.

stanzverhältnis zu Schmutz und Kontamination.[373] Schmutz diente zudem der rassistischen Degradierung des jeweiligen Anderen.[374] Der Begriff der Kontamination bietet sich jedoch an, weil er ein relationaler Begriff ist, der zugleich eine Assoziationskette von Gegenbegriffen wie Reinheit oder Ordnung evoziert. Die Anthropologin Mary Douglas hat Schmutz als Angriff auf Ordnungsvorstellungen bezeichnet: »Schmutz verstößt gegen Ordnung. Seine Beseitigung ist keine negative Handlung, sondern eine positive Anstrengung, die Umwelt zu organisieren.«[375] Damit wandte sie sich gegen die verbreitete Annahme, dass die Beseitigung von Schmutz und das Beharren auf Hygieneregeln durch (oft religiöse) Ängste motiviert seien. Douglas hingegen betrachtete Vorstellungen von Verunreinigung als »Analogien [...] der sozialen Ordnung« und Reinheit als einen Versuch, »ungeordnete Erfahrungen zu systematisieren.«[376] Aus dieser Perspektive betrachtet, ist Kontamination eine mächtige und vielseitige Metapher, die, wie die Autoren Campkin und Cox in Anlehnung an Douglas schreiben, Grenzen überschreitet, Ordnungen stört und Glaubenssysteme aufbricht.[377]

Wenn ich im Folgenden eine Verunreinigung in Form einer symbolischen Kontamination vorschlage, so zielt diese zum einen auf die Disziplin der Geschichtswissenschaft als soziale Ordnung historischen Wissens, zum anderen auf den zeitlichen und räumlichen Gegenstandsbereich der Geschichtswissenschaft. Nicht eine additive Anhäufung immer weiter ausdifferenzierter thematischer und theoretischer Spezialisierungen steht mir vor Augen, sondern eine

373 Campkin/Cox: Introduction, S. 2.
374 Ebd., S. 6.
375 Douglas: Reinheit, S. 12.
376 Ebd., S. 14 f.
377 Campkin/Cox: Introduction, S. 4.

Verunreinigung abgeschlossener Betrachtungsweisen und eine Perforation institutionell und theoretisch gezogener Grenzen.[378] Es geht nicht darum, eine ›neue Kirche‹ zu begründen, sondern um einen explorativen Ansatz des kontaminierenden Denkens im Raum. Einige Überlegungen, wie ein solcher Ansatz empirisch erprobt werden könnte, sollen im Folgenden angestellt werden. Es gilt, sich mit kreativer Neugier auf dem schlammigen Terrain zu bewegen und sich nicht durch Angst vor Verschmutzung vom tastenden und explorativen Voranschreiten abhalten zu lassen.

Kontamination und Ordnung

Unter kontaminierter Geschichtsschreibung verstehe ich eine disziplinäre Suchbewegung, die die aktuelle Anthropozän-Debatte als Rahmen nutzt, um »Kontamination« und »Relationalität« zu Ausgangspunkten ihres Vorgehens bestimmt. Die Anthropozän-Debatte dient dabei als intellektuelles Dach, um die Sozial- und Kulturgeschichte des Menschen enger mit der Geschichte der belebten und unbelebten Natur bzw. der planetarischen Sphären zu verknüpfen.[379] Inspiriert von Tsings Annahme, dass Kontamination eine Form der Kollaboration ist, eine »Verwandlung durch Begegnung«,[380] erscheint es mir sinnvoll, den historischen Blick auf die potenziell unendliche Geschichte des Wandels der von der Geschichtswissenschaft betrachteten Entitäten zu richten. Das bedeutet zum einen, den Unter-

378 Auch andere Disziplinen nutzen die Anthropozändebatte für eine Reflexion über die Grenzen ihrer Methoden und Untersuchungseinheiten, vgl. Antweiler: Anthropologie; Clark/Szerszynski: Social Thought; Chandler et al. (Hg.): International Relation; Parham (Hg.): Literature; Pries: Verstehende Kooperation; Adloff/Neckel (Hg.): Gesellschaftstheorie.

379 Westermann/Höhler: Writing History, S. 581.

380 Tsing: Pilz, S. 46.

suchungsgegenstand als Ergebnis von Kontaminationen zu sehen, etwa die Geschichte des Menschen im 21. Jahrhundert als ein körperlich-technisches Gefüge.[381] Zum anderen bedeutet es, den Untersuchungsgegenstand in weiteren Gefügen zu analysieren, die durch die Anhäufung weiterer verwandter, durch Kontamination entstandener Einheiten entstanden sind, z.B. indem man die für die körperlich-technischen Verflechtungen des Menschen notwendigen Ressourcenextraktionen verfolgt. Das im dritten Kapitel beschriebene Beispiel der Transplantation eines Schweineherzens veranschaulicht dies.

Auf die Dialektik von Reinheit und Kontamination, von Ordnung und Unordnung wird man freilich nicht ganz verzichten können.[382] Dies hat Konsequenzen für die Geschichtsschreibung: Die für die Analyse notwendige Kenntnis eines Untersuchungsgegenstandes (Reinheit/Ordnung) zieht dessen Dekonstruktion (Kontamination/Unordnung) nach sich. Beispielsweise wäre die Geschichte der Frauen dann keine Teildisziplin, die immer schon weiß, was Frauen waren und sind, und die im Rahmen der Geschlechtergeschichte behandelt wird, sondern eine Perspektive, die His-

381 Ich nutze den Begriff »Gefüge« wie den Begriff der Assemblage (Deleuze/Guattari) als Ausdruck für ein multitemporales Zusammenspiel technischer, sozialer und natürlicher Praktiken und Objekte. Vgl. die gute Erläuterung der Abgrenzung zu Netzwerktheorien bei Neu: ANT. Über die Karriere des Begriffs »assemblage« in den verschiedenen Spielarten der Geografie vgl. Müller/Schurr: Assemblage.

382 Latour nennt diesen Prozess »Übersetzung« (»Hybriden, Mischwesen zwischen Natur und Kultur«) und »Reinigung« (»vollkommen getrennte ontologische Zonen«). Latour: Modern, S. 19 ff. Vgl. auch Tsing et al.: Patchy Anthropocene, S. 187. Der Vorschlag »patchy anthropocenes« zu untersuchen, beinhaltet für Tsing und ihre Kollegen die Verbindung von zwei Strukturen: »modular simplification« and »feral proliferation«. Ein Beispiel sind für die Autoren die Ordnungen der afrikanischen Öl-Enklaven und die daraus entstehenden, häufig toxischen »ungezähmten Ausbreitungen«. Ebd., S. 189.

torikerinnen einnehmen, um die Produktionsweisen und die historischen Formen von »Frauen« zu untersuchen, die sich durch Kontamination entwickelt haben: »Wenn Kategorien instabil sind«, so Tsing, »müssen wir beobachten, wie sie sich aus Begegnungen entwickeln.«[383] Es gehe darum, »den Gefügen, in denen diese Kategorien einen zeitweiligen Halt gewinnen, nachzugehen.«[384] Während Tsing vor allem Artennamen oder Ethnien als Kategorien bezeichnet, ließe sich dies auf geschichtswissenschaftliche Einteilungen der Vergangenheit nach Räumen, Zeiten und Themen übertragen: Wirtschafts- und Politikgeschichte, Umwelt- und Globalgeschichte, Allgemeine und Geschlechtergeschichte fungieren als institutionalisierte Rahmen wissenschaftlicher Ordnung, die artifizielle Trennungen von Gefügen vornehmen. Dem damit verbundenen intellektuellen Gewinn der Spezialisierung stehen die Verluste der Kompartimentierung gegenüber.

Tsing versteht Gefüge als eine offene Ansammlung von-Kontaminationen, mit heterogenen Zeitrhythmen und Größenordnungen ohne Skalierbarkeit,[385] als Ausdruck von Mehrstimmigkeit und als »Wirbel aufgewühlter Erzählungen«.[386] Die Anthropologin interpretiert Gefüge keinesfalls als ökoromantische oder religiöse Version einer artenübergreifenden friedlichen Koexistenz, sondern als Netze mit durchaus gewaltsamen, zerstörerischen und transformierenden Beziehungen. Während Pilze derzeit als populäre Metaphern für die Verwobenheit und gegenseitige Abhängigkeit verschiedener Organismen dienen, zeigen sowohl die von Tsing untersuchten Matsutake-Kulturen als

383 Tsing: Pilz, S. 48.
384 Ebd.
385 Ebd., S. 40.
386 Ebd., S. 55.

auch die sogenannten Trüffelkriege,[387] dass die menschlichen, ökonomischen und kulturellen Strukturen um diese Pilze herum für Mensch und Tier gewaltsam sein können. Wie bereits im dritten Kapitel erwähnt, gibt es in Multi-Spezies-Gefügen wenig Platz für Romantik.

Geschichten der Kontamination

Der Ruf nach neuen Geschichten kann in verschiedene Richtungen schallen. Die einen verstehen unter den im zweiten Kapitel erwähnten Forderungen nach »neuen Geschichten« eine inter- und transdisziplinäre kollaborative Zusammenarbeit, um geistes- und naturwissenschaftliche Erkenntnisse besser miteinander zu verknüpfen. Andere verstehen darunter vor allem die Erweiterung des Erkenntnisgegenstandes. Und eine weitere Gruppe von Autoren thematisiert darüber hinaus auch die Darstellungsform der Erkenntnis. Tsing schlägt vor, den »Wirbel von Geschichten« als Methode zu bezeichnen, bleibt aber in ihren Ausführungen eher vage und verweist vor allem auf Unterbrechungen und Nichtskalierbarkeit, die zur Produktion neuer Geschichten führen. Nach Tsing soll die Darstellungsweise das Repräsentierte (hier: die kontaminierte Diversität) in seiner ›Wirbelhaftigkeit‹ wiedergeben.[388] Auf der Suche nach vergleichbaren Vorschlägen stößt man auf den »Strudel« im Werk von Frank Uekötter. Er beschreibt die Geschichte der Moderne als Strudel, »als das kumulative Resultat von materieller, institutioneller und kultureller Macht.«[389] Die Moderne sei geprägt von dem Paradoxon, über ein nie dagewesenes Wissen über den Planeten zu ver-

387 Taroni: Krieg um Trüffel. Auch der von Tsing und anderen angeführte Hemileia vastatrix (Kaffeerost) zeigt diese Dimension. Tsing et al.: Patchy Anthropocene.

388 Tsing: Pilz, S. 55.

389 Uekötter: Im Strudel, S. 643.

fügen und gleichzeitig mit immer enger werdenden Handlungsspielräumen konfrontiert zu sein. Die Zukunftsoffenheit schrumpfe mit zunehmender »kumulativer Verstrickung«. Auch Uekötter sieht die Geschichtswissenschaft in einer »Krise der historischen Narration«.[390] Er richtet sein Augenmerk auf die Frage der narrativen Darstellung, die bislang auf Linearität angewiesen gewesen sei, und plädiert für eine nicht-lineare Geschichtsschreibung.[391] Beide Vorschläge basieren auf der philosophisch und wissenschaftshistorisch zunächst überraschenden Annahme, dass sich der (temporal und anders verwirbelte) Erkenntnisgegenstand in der Form der Repräsentation widerspiegeln müsse.[392] Grundlage dieser Argumentation ist jedoch die inhärente Mehrstimmigkeit und multiple Relationalität des Erkenntnisgegenstandes, die nur durch eine adäquate multiperspektivische Darstellung sichtbar gemacht werden soll.[393] Auch wenn Uekötters Zuschreibung von Linearität an die bisherige Geschichtswissenschaft vielleicht eher als Pappkamerad zu verstehen ist – die Geschichtswissenschaft hat die rein chronologische Darstellungsform längst verlassen[394] –, so ist sein Appell doch als ernsthaftes Plädoyer für geschichtswissenschaftliche Schreibexperimente zu betrachten.[395] Die Anlage seines Buches – mit Querverwei-

390 Ebd., S. 614.

391 Uekötter: Entanglements, S. 109.

392 Uekötter: Im Strudel, S. 665.

393 Vgl. auch Landwehr: Diesseits der Geschichte, S. 262 ff.

394 Hölscher: Zeitgärten.

395 Die Metaphern »Wirbel« und »Strudel« haben verschiedene intellektuelle Vorläufer gehabt. Als der Anthropologe George E. Marcus seinen Kollegen 1995 eine Multi-Sited Ethnography vorschlug, also eine Abkehr von der klassischen Feldforschung an einem distinkten Ort mit einer spezifischen Bevölkerungsgruppe, ahnte er wohl noch nicht, welche Büchse der Pandora damit geöffnet war. Marcus' Maxime, dass sich die ethnologische Feldforschung nicht auf die Tiefenbohrung an einem Ort beschränken solle, sondern dem Gegenstand, den Menschen, den Waren

sen, thematischen Umsortierungen, etc. – ist das analoge (und damit begrenztere) Äquivalent zum digitalen Feral Atlas.[396] Für die Geschichtsschreibung im Anthropozän stellen beide wichtige Beispiele für eine veränderte Repräsentation der Vergangenheit dar.

Radikale Relationalität

Während sich Tsing und Uekötter in kritischer Halbdistanz zum Anthropozän bewegen,[397] sind sie zugleich Teil der Anthropozän-Debatte, unter deren Dach sich eine Vielzahl von Ansätzen befindet, die für eine Pluralisierung und Ausdifferenzierung von Perspektiven plädieren. Diese in den letzten Jahren in den Geistes- und Sozialwissenschaften zirkulierende Anrufung einer »neuen Perspektive« wird häufig als »planetarisch« definiert. Damit ist weder die Betrachtung der Globalisierung(en) gemeint (eine enge Form der Globalgeschichte) noch die vollständige Integration der menschlichen Geschichte (eine u.a. an die Weltgeschichte angelehnte Perspektive mit vielen, auch mikrohistorischen Varianten). Frederic Hanusch und Claus Leggewie beschreiben ›planetar denken‹ folgendermaßen:

> Planetar zu denken heißt nun, die Erde epistemologisch, ontologisch und ethisch als Planeten anzuerkennen,

und Kommunikationswegen an andere Orte folgen müsse, war zunächst räumlich gemeint. Der räumliche Fokus wurde jedoch in den nachfolgenden ethnologischen Debatten und Forschungen auf die jeweilige Skalierung, die temporale Dimension und die Beziehungen zwischen verschiedenen Spezies gedehnt. Tsings Pilzstudie ist demnach auch ein Resultat der anthropologischen Auseinandersetzung mit der Feldforschung als dem methodischen Kern der Disziplin. Marcus: Ethnography.

396 Tsing et al.: Feral Atlas. Achim Landwehr setzt auf Literatur, Film und Architektur als Vorbilder. Landwehr: Diesseits der Geschichte, S. 264.

397 Uekötter: Anthropozän; vgl. auch die neue Einleitung in der englischsprachigen Ausgabe Uekötter: Vortex. Vgl. ebenfalls Haraway et al.: Anthropologists.

> menschliches (Zusammen-)Leben also durch einen sich stets wandelnden Planeten zu verstehen, der sich räumlich vom Erdkern bis in den interplanetaren Raum erstreckt, zeitlich von der Nanosekunde bis zur geologischen Tiefenzeit dehnt und materiell vom Elementarteilchen bis zur dunklen Materie im Weltraum reicht. […] Eine planetare Perspektive einzunehmen, heißt dann von vornherein: die Relationierung (In-Beziehung-Setzung, von engl. ›relational‹) menschlicher Existenz im Universum und die Relativierung der vorherrschenden anthropozentrischen Sichtweise.[398]

Relationen stehen im Zentrum einer solchen planetarischen Perspektive, die sich räumlich, zeitlich und materiell deutlich vom üblichen Kosmos der Globalgeschichte unterscheidet. Der zentrale Begriff der Relation ist keineswegs so zu verstehen wie die »connections« der Globalisierungs- und Globalgeschichte mit ihrem Fokus auf menschengemachte, häufig technisch und ökonomisch manifestierte Netzwerke, die in den letzten Jahren selbstkritisch hinterfragt und relativiert wurden.[399] Als Perspektiven (Transfer, Verstrickung, Verflechtung, Kontamination) und als Gegenstände/Ereignisse (u.a. Familie/Verwandtschaft, Transaktionen, Kommunikation, Symbiosen und Koexistenzen) sind Relationen nicht nur in der Anthropologie zentral, sondern auch für die Geschichtswissenschaft und die So-

398 Hanusch et al.: Planetar denken, S. 24.

399 Der Fokus der Globalgeschichte und der Transnationalen Geschichte auf Verflechtungen, Netzwerke und Konnektivität hat seit einiger Zeit die Kritik auf sich gezogen, fehlende Verbindungen und Beziehungen zu vernachlässigen, den Abbruch von Verbindungen nicht zu erkennen oder aber ganz einfach überall Globalisierungsprozesse zu erkennen, wo translokale Verbindungen detektiert wurden. Wenzlhuemer: Connections; zu den feinen Unterschieden u.a. zwischen *connections* und *relations* in der Anthropologie vgl. Strathern: Relations, S. 5.

ziologie relevant.[400] Relationen lenken den Blick auf das Dazwischen, auf den Raum zwischen mindestens zwei Einheiten (Menschen, Artefakte, Organismen, etc.), die erst durch die Verbindung ihren Charakter erhalten. Dieses Verständnis setzt voraus, dass die Einheiten, die in Relation zueinander stehen, nur deshalb zu diesen werden können, weil sie in Relation zu anderen stehen. Ein klassisches Beispiel der relativen Ontologie wäre (hier nach Arni): Ein Mensch wird erst zum Vater, wenn er ein Kind hat.[401] Philosophiehistorisch und -analytisch müssen hier zwei Positionen vermischt werden: externe Relationalität im Sinne von ›in einen Kontext stellen‹ und interne Relationalität im Sinne der intrinsischen Beziehung von Einheiten zu etwas anderem. Konkret heißt das: Ich untersuche die Geschichte des Elektroautos in Relation zu einem wählbaren Kontext, z.B. die Lithiumextraktion in Südamerika (externe Relationierung), oder ich betrachte das Elektroauto als ein Gefüge von Relationen zwischen Material, Ressourcen, Arbeitskräften, Mechanik und Nutzern.[402]

In der geschichtswissenschaftlichen Praxis vermischen sich diese beiden Ansätze immer wieder. Epple beschreibt die Entwicklung der Geschichtsschreibung seit 1800 sogar als einen »Weg zu einer zunehmenden Relationalisierung ihrer jeweiligen Einheiten«.[403] Dabei bezieht sie sich in ihren Texten zur relationalen Geschichtsschreibung vor allem auf die räumliche Dimension, konzediert aber, dass von der Nation bis zu den Geschlechtern, von den menschlichen Subjekten bis zu den Tieren gegenwärtig von einer Substanzialisierung nichts mehr zu spüren sei; die genann-

400 Strathern: Anthropological Account; deutlich an Netzwerktheorien orientiert Häußling: Relationale Soziologie.

401 Arni: Nach der Kultur, S. 211.

402 Strathern: Relations, S. 6.

403 Epple: Lokalität, S. 5.

ten Einheiten würden von der Geschichtswissenschaft allesamt in ihrer Relationalität zu einem jeweils Anderen betrachtet. Auch wenn man diesen Optimismus nicht teilen muss und insbesondere die empirische Umsetzung häufig an den institutionalisierten Subdisziplinen scheitert, können die Überlegungen zur Geschichtsschreibung im Anthropozän gut an diese anknüpfen. Sie gehen aber über sie hinaus, indem sie das Gefüge, also die Pluralität der Relationen, in den Mittelpunkt stellen und über die Betrachtung der Anthroposphäre hinausreichen.

Relationalität in Grenzbereichen

In den letzten Jahren haben kalifornische Wissenschaftlerinnen die Verflechtung und das symbiotische Netzwerk zwischen den Einheiten vor allem an zwei Superstars veranschaulicht: dem Tintenfisch (Donna Haraway) und dem Pilz (Anna L. Tsing). Für beide Autorinnen ist die durch Tentakel und Rhizome materialisierte Relation ein geschichtsbildendes und strukturierendes Element. Die Verbindung besteht, wie oben ausgeführt, nicht zwischen Entitäten, sondern die jeweilige Einheit ist bereits ein Holobiont (vgl. Kap. 3.2.). Holobionten wiederum gehen Verbindungen ein, ohne vorhersehbare Effekte, ohne gut oder schlecht zu sein, und bilden sogenannte More-Than-Human-Gefüge. So vielstimmig die Geschichten sind, die über diese Organismen erzählt werden, so wenig ist die Historikerin in mir davon überzeugt, dass allein durch die Integration von Tintenfischen oder Pilzen die Geschichtsschreibung nachhaltig erweitert werden kann oder dass sie gar als Vorbilder für menschliche Ordnungen taugen.[404] Man muss Pilze und Tintenfische aber auch nicht von von-

404 Vgl. zur Spiegelung normativer Fragen des menschlichen Zusammenlebens in der Natur die kritischen Bemerkungen in Daston: Natur.

herein als »metaphorische Exzesse« abtun.[405] Will man die Herausforderungen, die von der More-Than-Human-History für die Geschichtswissenschaften ausgehen, ernst nehmen, so sind es wohl vor allem »Situationen im Grenzbereich«,[406] die sich für die Erprobung einer kontaminierten geschichtswissenschaftlichen Fragestellung eignen. Sunil Amrith erinnert an die wichtige Bedeutung von Küstenlinien als sich ständig verändernde Grenzen zwischen Land und Wasser, zwischen dem Leben an Land und dem Leben im Wasser. Er bezeichnet Küsten als Frontiers, weil sie sich durch menschliche und natürliche Eingriffe ständig verschieben.[407] Vor dem Hintergrund des ansteigenden Meeresspiegels kommt diesem Thema vermutlich künftig einige geschichtswissenschaftliche Prominenz zu. Ein anderes Beispiel für die produktive Betrachtung von Grenzbereichen: Der Literaturwissenschaftler Cajetan Ijeka hat afrikanische Filme, Fotografien und Kunstwerke daraufhin untersucht, wie sie die Landschaft Afrikas im Anthropozän bestimmen, wie sie Zeit und Raum thematisieren und miteinander verbinden, hat die Zerstörung von Lebensbedingungen und Natur als Traumatisierungen gelesen. Die Verdrängung der Schäden, die das Anthropozän ermöglicht hat, die Thematisierung der menschlichen und nichtmenschlichen Zerstörungen, der Kosten und Wunden der globalen kapitalistischen Ökonomie, sind sein Thema.[408]

Kein Mensch (sic!), der in Alltagsbeobachtungen geübt ist, aber auch keine Ökologin oder Geomorphologin, käme

405 Etwa Antweiler: Anthropologie, S. 349 mit Bezug auf Pina-Cabral.

406 Descola: Ökologie, S. 7.

407 Amrith: Coastal Frontiers; Amrith: Unruly Waters. Vgl. auch Bhattacharyya: Ecology. Über China und die Bedeutung des Gelben Flusses Dogdon: Dragon. Ein instruktiver kurzer Überblick zur Umweltgeschichte Chinas: Dabringhaus: Environmental History.

408 Iheka: African Ecomedia.

auf die Idee, so der Anthropologe Tim Ingold, von der Verwobenheit aller auf dem Planeten vorkommenden Spezies und Artefakte mit naturräumlichen Umgebungen überrascht zu sein.[409] Wichtig sei es, und das führt Ingold in seinem Buch »Correspondences« sehr materiell und lebensnah aus, Geschichten zu finden und zu erzählen, die einerseits die Relationen betrachten, diese aber nicht als Beziehung zwischen zwei Entitäten verstehen. Vielmehr gelte es, so Ingold, das »becoming« – das Werden – der als Entität wahrgenommenen Einheit in die Analyse zu integrieren, »a stance not of being but of becoming«. Wie eine relationale und prozesshafte Geschichte durch Fragen entstehen kann, lässt sich auch an alltäglichen Beispielen verdeutlichen, so Tim Ingold: Woher stammt der Tisch, wann wurde er gebaut, woher kam das Material, wie alt war der Baum, der dafür gefällt wurde, wer hat ihn gefällt, wie wurde das Holz gehandelt, etc.?[410] In Anlehnung an Bruno Latours Vorstellung eines »guten ANT-Berichts« kann schließlich alles zum Ausgangspunkt der Beschreibung werden; »anstatt bloß Wirkungen zu transportieren, ohne sie zu transformieren, kann jeder der Punkte im Text zu einer Verzweigung werden, zu einem Ereignis oder zum Ursprung einer neuen Übersetzung.«[411] Ähnlich mäandernde Fragestellungen lassen sich für Ressourcen im Wohnungsbau verfolgen: Woher stammen die Bestandteile des Zements, was wurde verbrannt, wo blieb die Flugasche, wer hat das Lithium für die Batteriespeicher im Haus abgebaut, woher kamen die Arbeiter auf den Halden und in den Bergwerken, warum sind sie migriert, wohin wurde der Bauschrott gebracht, etc.? Diese Fragen zu stellen, bedeutet auch, die verschie-

409 Ingold: Correspondences, S. 5.
410 Ebd., S. 40 f.
411 Latour: Neue Soziologie, S. 223 f.

denen Zeitschichten von Artefakten aufzudecken, so Tim Ingold: »The dates we assign to artefacts, at the point of fabrication, are but passing moments in the never-ending lives of the materials of which they are made.«[412] Das Plädoyer für eine kontaminierte Geschichtsschreibung bleibt also kurzsichtig, wenn die miteinander verwobenen Entitäten nicht in ihren Schnittmengen und Abgrenzungen, in ihrer intrinsischen Verwobenheit und unscharfen Grenze zueinander historisiert werden.[413] Diese Bestimmung obliegt zwar den Historikerinnen und Historikern, die ihren Erkenntnisgegenstand definieren, für dessen intrinsische und extrinsische Verwobenheit sie aber oft noch stärker sensibilisiert werden müssen. Die mit solchen Fragen einhergehende Fluidität geschichtswissenschaftlicher Forschung und die Unordnung von Zeitvorstellungen gilt es auszuhalten.

Auch Claus Leggewie und Frederic Hanusch entwickeln ihre Planet-Mensch-Beziehung nicht in festen Dichotomien, sondern benennen den »Zwischenraum« als wesentlich, »um Wechselwirkung und Ko-Konstitution« zu analysieren.[414] Die »Intra-Aktion« und das Relationale schaffen die Entitäten erst, sie erzeugen die Wechselwirkungen »vom winzigen Bakterium bis zum ganzen Planeten«.[415] Während Historiker darin geübt sind, Verbindungen zu untersuchen – räumliche, zeitliche, zwischen Menschen, Systemen oder Nationen –, ist die gleichzeitige Reflexion über die Konstruktion der untersuchten Einheit, die eine Ver-

412 Ingold: Correspondences, S. 39. Die Frage, wann eine materielle Substanz erreicht ist, die sich nicht mehr relational erklären lässt, wird zumeist nicht angesprochen.

413 Die Differenz zwischen wachsenden Organismen und hergestellten Artefakten wird inspirierend und kritisch befragt in Hallam/Ingold (Hg.): Making and Growing. Vgl. auch Mitman et al. (Hg.): Future Remains.

414 Hanusch et al.: Planetar denken, S. 49.

415 Ebd., S. 52; S. 54.

bindung eingegangen ist, keine übliche Denkbewegung. Wie lässt sich so etwas realisieren? Ingold schlägt vor, die zu erzählenden Geschichten drei Kriterien zu unterwerfen: erstens prozesshaft, zweitens unabgeschlossen und drittens dialogförmig.[416] Diese Kriterien bergen für die schreibende Wissenschaftlerin ein gefährliches Potenzial der Unendlichkeit.[417] Wie schreibt man eine solche Geschichte, wie bringt man eine solche Analyse in eine rezipierbare Form, in ein Buch, in ein Augmented-Reality-Projekt, in ein Museum, in die Schule? Darüber wissen wir noch nicht viel. Ein solcher Ansatz ist eine anspruchsvolle Herausforderung, die eine Mischung aus Fantasie, Erfahrung und Talent erfordert, um sich empirisch zu bewähren. Auch hier gilt es, aus dem Vorhandenen zu lernen und weiter zu experimentieren. On Barak hat beispielsweise in seinem Buch »Powering Empire« über die imperiale Geschichte der Kohle im 19. Jahrhundert eine evolutionär animierte Gliederung eingesetzt: Die Kapitel folgen erst dem Wasser, dann den Tieren und schließlich den Menschen. Deutlich wird in seinem Buch, dass der britische Imperialismus, der auf Kohle basierte, Transformationsprozesse unterschiedlicher Art hervorbrachte. Doch nicht in der Kohle, so Barak in kritischer Abgrenzung zu manchen Spielarten des New Materialism, liege die Handlungsmacht, sondern in der »history of the multiple, nonlinear juxtapositions and chains of agency that spawned new objects, addictions, and consumption practices.«[418]

416 Ingold: Correspondences, S. 11.

417 Uekötter hat verwandte Formulierungen gefunden: Es bedürfe der globalen Perspektiven auf »Querverbindungen und Kopplungen […] in vielen Formen: räumlich, zeitlich, kausal, materiell, imaginiert.« Er verweist auf die Notwendigkeit begrenzter Fallstudien, die mit der Zeit »kumulative Verstrickungen« ergeben würden. Uekötter: Im Strudel, S. 654.

418 Barak: Powering Empire, S. 8.

Welche Rolle spielen Menschen als historische Akteure in einer derart kontaminierten Geschichtsschreibung? Die radikale Dezentrierung des menschlichen Subjekts, die einige posthumanistische Autoren und Autorinnen in kritischer Auseinandersetzung mit dem Anthropozän vorschlagen, ist für die Geschichtswissenschaft keine Option. Auch die Pilzliebhaberin Tsing setzt auf den Menschen: Sie analysiert die Ruinen – die abgeholzten Wälder in Oregon – nicht nur als Ende des Fortschrittsversprechens, sondern als Beginn neuen Lebens (des Pilzes), als Ort anderer Ökonomien (der illegalen Sammler) und als Schnittstelle zu globalen Märkten. Mit ihrer Untersuchung bewegt sie sich sowohl in den Ontologien des Pilzes, in der Geschichte der Migranten, der industriell betriebenen Forstwirtschaft als auch im Habitus der spätkapitalistischen Mittel- und Oberschichten Japans.[419] Die Suche nach dem Pilz, seine Vermarktung und seine Verdauung sind von Menschen abhängig. Auch Historiker Ian Baucom weist darauf hin, dass die Geschichtsschreibung die Analyse der Widerstandsbewegungen, des Black Atlantic, der kapitalistischen Produktion und der Geschlechterhierarchien nicht aus den Augen verlieren dürfe, aber gleichzeitig den Blickwinkel erweitern müsse.[420] Diese kritische Distanz zu Spielarten des Post- und Transhumanismus[421] bei gleichzeitiger Erweiterung des analytischen Blicks ist gerade für die Geschichtswissenschaft wichtig, denn es ist politisch notwendig, sowohl an die menschengemachten Verhältnisse als auch an die menschlichen Möglichkeiten, die Verhältnisse zu verändern, zu erinnern.[422] Die Frage nach der Klimagerechtigkcit etwa

419 Tsing: Pilz, S. 75.
420 Baucom: 4° Celsius.
421 Hanusch et al.: Planetar denken, S. 47.
422 Deutlich: Cederlöf/Rangarajan: Global Present, S. XIII.

richtet sich notwendigerweise auf verschiedene soziale Gruppen, auf Täter und Opfer, auf historische und gegenwärtige Ungleichheiten.[423] Wie viel Hoffnung man in die gesellschaftlichen Folgen geschichtswissenschaftlicher Forschung setzt, ist dabei weniger eine philosophische als vielmehr eine politische Frage.

4.2. Planetarische Geschichte(n) des lokalen Anthropozäns

Die Frage liegt nahe, ob eine planetarische Geschichte allein als räumliche Ausdehnung der Globalgeschichte realisierbar wäre. Wenn die Globalgeschichte die Tiefsee und die Atmosphäre in ihre Untersuchungsräume einbezieht, könnte sie dann nicht gemeinsam mit der globalen Umweltgeschichte das planetarische Anthropozän erforschen? Oder bedarf es einer ganz anderen, einer neuen Form der Geschichtsschreibung? Weder noch, möchte ich argumentieren. Planetarische Geschichte, das sollte klar geworden sein, lässt sich nicht allein durch räumliche Expansion betreiben. Aber auch ein revolutionärer Nullpunkt ist nicht angemessen, denn es gilt, an bestehende Denkstile und exemplarische Studien anzuknüpfen.[424]

Verwandtschaften

Dipesh Chakrabarty war einer der ersten prominenten Befürworter einer veränderten Geschichtsschreibung unter den Bedingungen des Anthropozäns. Zu Beginn der 2000er Jahre verwies er selbstkritisch auf die blinden Flecken der

423 Conrad: Global History, S. 159 f. diskutiert diese Frage knapp, aber präzise gegenüber einem mittlerweile überkommenen Konzept des Anthropozäns, das den menschlichen Akteur nicht differenziert.

424 Gattey: Global Histories, S. 2.

Globalgeschichte, die mit ihrer Fokussierung auf die Analyse von Kapital und Imperialismus, von Weltsystem und Globalisierung wichtige Aspekte der planetarischen Geschichte vernachlässige, die unter den Bedingungen des Klimawandels und des Anthropozäns notwendig seien:

> The globe […] is a humanocentric construction; the planet, or the Earth System, decenters the human. The doubled figure of the human now requires us to think about how various forms of life, our own and others', may be caught up in historical processes that bring together the globe and the planet both as projected entities and as theoretical categories and this mix limited timescale over which modern humans and humanist historians contemplate history with the inhumanly vast timescales of deep history.[425]

Chakrabarty strebt eine spiralförmige Relation zwischen dem Konzept der Erde und dem des Planeten an, die sowohl die klassischen Themen der Globalgeschichte berücksichtigt, als auch die ko-evolutionäre Multi-Spezies-Geschichte und geologische Zeitschichten integriert.[426] Ironischerweise erhielt er für seinen Erstentwurf »Four Thesis« genau die Kritik, die er einst selbst geäußert hatte: Sein Menschheitsbegriff sei zu universalistisch gedacht. In »Provincializing the Anthropocene« etwa wirft die amerikanische Anthropologin Kathleen D. Morrisson den Anthropozänisten Eurozentrismus vor. Periodisierung, Konzepte (einschließlich der geisteswissenschaftlichen Überraschung, dass Natur-Kultur-Verhältnisse neu gedacht werden können) und Modelle stammten aus dem »Westen«.[427] Selbst in der marxis-

425 Chakrabarty: Climate of History, S. 4.
426 Ebd., S. 7 f.
427 Morrison: Provincializing.

tischen Interpretation des Anthropozäns, die vor allem auf die Nutzung fossiler Brennstoffe im Kapitalismus abziele, stehe Europa, manchmal sogar allein Großbritannien, als mächtiger Akteur und Verursacher des Anthropozäns im Mittelpunkt.[428]

Die Umweltgeschichte, der eine globale Perspektive häufig innewohnt, hat einige Berührungspunkte mit den planetarischen Perspektiven des Anthropozäns, auch wenn manche dem Konzept durchaus reserviert gegenüberstehen. Prominente Vertreter des Faches wie John McNeill haben die Anthropozän-Debatte jedoch von Beginn an mitbestimmt. In kritischer Abgrenzung zu homogenisierenden Großbegriffen und Konzepten konzentrieren sich derzeit viele Umwelthistorikerinnen auf kleinere Untersuchungseinheiten, Räume und Zeiten. Während Chakrabarty also das Feld räumlich und zeitlich erheblich erweitert, plädieren Vertreterinnen der Umweltgeschichte heutzutage für eine Konzentration auf lokale und regionale Landschaften: Vielfalt könne nur lokal analysiert werden.[429] In dem Bemühen, die Umweltgeschichte aus ihrem Nischendasein in die sogenannte Allgemeine Geschichte zu holen, sie zu »normalisieren«, wie Eleonora Rohland es nennt, liegt ein ähnliches Moment wie in der in diesem Essay formulierten Zielvorstellung: keine Subdisziplin mit speziellen Gegenständen zu begründen, sondern eine Perspektive zu entwickeln, die potenziell auf alle historischen Sachverhalte anwendbar ist.[430] Auch Julia A. Thomas plädiert dafür, die Verwobenheit menschlicher Aktivitäten mit dem Erdsystem »from myth-making to microchip

428 Ebd., S. 7.

429 Mauldin: Environment History, S. 13.

430 Rohland: Entangled Histories, S. 1–3. Vgl. auch die Diskussion bei Sörlin: Contemporaneity.

manufacture«[431] ins Zentrum der historiografischen Forschung zu stellen. Sie verbindet das naturwissenschaftlich-ökologische Wissen um die Wechselwirkungen zwischen verschiedenen Ökosystemen und die erdwissenschaftliche Annahme, dass der Planet ein durch Stoffströme vernetztes System mehrerer Sphären ist, mit historiografischen Fragestellungen. Auch Thomas betrachtet das Anthropozän nicht als einen Gegenstand, sondern als eine geschichtswissenschaftliche Perspektiverweiterung:

> Most importantly, Anthropocene history offers a different analytical framework, not an additional topic. Some topics of interest may be familiar to environmental historians, but others arise from subfields such as economic or intellectual history. As with other new historical frameworks (labor history, gender history, and structuralism, for instance), Anthropocene history has sent historians back to the drawing board, asking foundational questions about the purpose of history, the appropriate forms of evidence, and how meaningful stories might be crafted out of reality's vast messiness.[432]

Enge Berührungspunkte ergeben sich zudem mit der globalen Mikrogeschichte, wie sie in den letzten Jahren u.a. von Angelika Epple und John-Paul A. Ghobrial vorgeschlagen wird.[433] In ihrem Plädoyer für eine relationale Geschichtsschreibung betont Epple die Notwendigkeit der Mehrstimmigkeit und der Verknüpfung von lokalen und globalen Perspektiven.[434] Relationale Geschichtsschreibung bezieht sich bei ihr vor allem auf die räumliche und zeitliche Struktur, die von (menschlichen) Akteuren geschaffen

431 Thomas: Introduction, S. 7.
432 Thomas et al.: Anthropocene, S. 127.
433 Vgl. auch Ghobrial: Introduction.
434 Epple: Calling.

wird.[435] Diese Konzentration findet sich sowohl in Begründungen der Transnationalen Geschichte als auch der Globalgeschichte wieder.[436] Auch die praxeologische Geschichtsschreibung stellt notwendigerweise menschliche Akteure in den Mittelpunkt, auch wenn die von Latour entlehnten Aktanten gelegentlich integriert werden.[437] Diese Beschränkung auf menschliche Geschichte findet sich auch in der globalen Biografie- und Familiengeschichte. In der Rekonstruktion individueller, transnationaler Biografien von »imperial subjects« dominiert teilweise eine zu einfache Vorstellung vom handelnden Subjekt. Aber es gibt auch andere Ansätze: Die Frühneuzeithistorikerin Dagmar Freist schlägt vor, diese erkenntnistheoretische Sackgasse zu überwinden, indem man sich auf soziale Praktiken konzentriert und dabei Menschen, Dinge und Organismen miteinander in Beziehung setzt.[438] Ute Hasenöhrl, eine Vertreterin der Science and Technology Studies, plädiert im Anschluss an die ANT ebenfalls für die Integration von »seemingly periheral actors and actants, to the plurality of technological practices and experiences ›on the ground‹«, erweitert diesen Ansatz aber um die »manifold interrelations between the human and the ›natural‹ world.«[439] Vergleichbar den Forderungen der transdisziplinären Environmental Humanities plädiert sie für eine Ablösung der

435 »The basic axiom is that actors generate entities by placing them in a relation to other entities and turning them into a mutually continuous relationing movement.« Epple: Calling, S. 396.

436 U.a. Clavin: Transnationalism, S. 422: »Transnationalism, despite its early identification with the transfer of money and goods, is first and foremost about people […].« Zugleich liegt ein ausgeprägter Schwerpunkt der Globalgeschichte auf »Warengeschichten«.

437 Epple: Calling, S. 402. Eine ähnliche Akteursliebe gibt es in den Ansätzen der *area studies*, die sich besonders für die globale Mikrogeschichte stark machen. Vgl. etwa Fischer-Tiné: Marrying.

438 Freist: Einführung, S. 272.

439 Hasenöhrl: Histories of Technology.

»Tools of Empire«-Technikgeschichte durch eine integrative Perspektive auf indigene Aneignungen und Techniknutzungen, auf Naturräume und »local technological landscapes«.[440] Mit dem Verweis auf naturräumliche Bedingungen und Aktanten weist sie wie Dagmar Freist auf einen blinden Fleck der Geschichtsschreibung hin, die lokale Technikanwendung, indigene Wissensregime und naturkulturelle Grenzräume bislang häufig vernachlässigt.

Historiografische Ansätze – sei es im Rahmen der globalen Mikrogeschichte, der Umweltgeschichte, der Area Studies oder im Bereich der Science and Technology Studies –, die für eine unter den Bedingungen und im Anschluss an die Debatten des Anthropozäns kontaminierte Geschichtswissenschaft fruchtbar gemacht werden können, liegen auf der Hand.[441] Sie bedürfen eines regionalen oder lokalen Ausgangspunktes, eines spezifischen Artefakts oder eines Organismus.[442] Der Fahrplan für geschichtswissenschaftliche Forschungsdesigns bestünde darin, der Konstruktion und Relationalität des Ausgangspunktes, sei es ein Pilz, ein Mensch, ein Gerät oder eine Ressource, in seinen räumlichen und zeitlichen Ausdehnungen zu folgen

440 Ebd., S. 124. Hasenöhrl plädiert für drei Ansätze: ANT, globale Warenketten und »colonial metabolism«. Ebd., S. 126. Vgl. auch Grace: African Motors.

441 Anschlussfähig ist auch die Sozial- und Kulturanthropologie, die, wie Philippe Descola betont, schon immer beide Perspektiven miteinander verwoben hat, sowohl die »physischen Determinanten« als auch die »schwindelerregende […] Vielfalt der Bedeutungen« dieser Determinanten (Descola: Ökologie, S. 10). Herauskommen kann dann, laut Descola, eine »Ökologie der Beziehungen«, in der die Herstellung der Grenze zwischen Menschen und Nichtmenschen, zwischen Natur und Kultur genauso untersucht wird wie die Beziehung zwischen den derart geschaffenen Entitäten.

442 Auch Latour plädiert für einen lokalen Ausgangspunkt, dessen Verbindungen zu »anderen Orten, Zeiten und Aktanten« die Untersuchung leiten. Latour: Neue Soziologie, S. 299.

und die Untersuchung entlang der externen und internen Relationen durchzuführen. Besonders geeignet erscheinen Situationen im Grenzbereich zwischen naturwissenschaftlichen und sozialen Phänomenen. Notwendigerweise müssen damit die subdisziplinären Grenzen zwischen Wirtschafts-, Sozial-, Umwelt- und Politikgeschichte überschritten werden, um Ereignisketten mit unterschiedlicher Skalierung, mit polyfokalen Perspektiven und unterschiedlichen Untersuchungseinheiten in einen historischen Zusammenhang zu stellen. Es ist zu vermuten, dass in einem solchen Ansatz mehr Potenzial steckt, als allein die bereits aufgeworfene umwelthistorische Frage zu beantworten, »wie der Mensch zur geologischen Kraft geworden ist«.[443] So relevant die Geschichte des Anthropozän selbstverständlich ist, die sich sehr gut umwelthistorisch bearbeiten lässt, steht mir mehr als nur ein neues Thema vor Augen. Geschichte(n) im Anthropozän zu entwickeln, bedeutet zwar menschliche Akteure, Institutionen und soziale Beziehungen und ihre Machtverhältnisse weiterhin zu untersuchen, aber in einer anderen Version als in der des weißen, männlichen Subjekts, dessen Überzeugungskraft ja in den letzten Jahrzehnten ohnehin nachgelassen hatte.[444] Es geht darum, die potenziell unendlichen Relationen des Planetarischen und das vom Menschen verursachte Anthropozän in ein dialektisches Verhältnis zu setzen.

Größer ist nicht immer besser

Im Gegensatz zum »History Manifesto« (2014) von David Armitage und Jo Guldi ist nicht zu erwarten, dass eine neue Form der Geschichtsschreibung allein durch reines »scaling-up« und longue-durée-Perspektiven erreicht werden

443 Mauelshagen: Anthropozän, S. 135.

444 Vgl. auch Kuchenbuch: Histories, S. 736.

kann.[445] Größere Einheiten und längere, auch geologische Zeiträume lassen sich zwar gut integrieren, wenn der Untersuchungsgegenstand danach ›schreit‹, etwa durch die Halbwertszeit von Uran, die Entstehungzeiträume bestimmter Ressourcen, die Spiegelung der sechsten Massenextinktion im Massensterben am Ende des Perm,[446] die geografische Lage eines Untersuchungsobjekts oder die Auswirkungen geologischer Vorkommnisse, wie etwa Erdbeben und Vulkanausbrüche. Allein mit der Vergrößerung des Untersuchungshorizonts lassen sich Kontaminationen und Relationen jedoch nicht entdecken. Es sei an die schöne Illustration des Problems durch Bruno Latour erinnert:

> Größer meint nicht umfassender, sondern mehr Konnexionen. Man ist nie provinzieller als dann, wenn man auf seine ›globale Sicht‹ pocht [...]. Die Größenordnung wächst nicht dadurch, daß man nacheinander Sphären unterschiedlicher Größe ineinanderfügt – wie russische Matrjoschkas –, sondern dadurch, daß mehr oder weniger zahlreiche und vor allem reziproke Beziehungen hergestellt werden können. Die unerbittliche Lektion des Akteur-Netzwerks, wonach es keinen Grund gibt, eine gut vernetzte Lokalität mit der Utopie des GLOBUS zu verwechseln, gilt für alle Verbindungen von Lebewesen.[447]

Historische Untersuchungen müssen zwischen verschiedenen Größenordnungen manövrieren. Analysen lokaler Strukturen, das haben die Mikrogeschichte und die Historische Anthropologie bereits gezeigt, sind dann besonders

445 Guldi/Armitage: Manifesto, S. 38 f., hier aus: McGrath: Deep Histories, S. 10.

446 Sepkoski: Catastrophic Thinking, S. 296 ff.

447 Latour: Kampf um Gaia, S. 234.

Abb. 6: E-Waste, Taizhou, China © Stuart Isett 2005

überzeugend, wenn sie auch globale oder planetarische Dimensionen nicht außer Acht lassen. Geschichtswissenschaftliche Projekte werden zwischen anthropozäner Geopolitik und den Dörfern des Donbass pendeln müssen, zwischen der verheerenden Wasserversorgung in den Bergen Tadschikistans und der imperialen Politik des postsowjetischen Russlands, zwischen der Geschichte digitaler Kindheiten und Chinas digitaler Kriegsführung, zwischen der Produktion des Galsafe-Schweins und der Entwicklung künstlicher Intelligenzen.[448] Wir werden das Anthropozän in verschieden skalierte, regionale und heterogene Geschichten zerlegen müssen, um einer neuen hegemonialen Erzählung zu entgehen. (Abb. 6)

448 Dalby: Geopolitics. Aus umwelt- und kindheitshistorischer Perspektive geschrieben Arndt: Tschernobylkinder.

4.3. Aufgaben der Geschichtswissenschaft im Anthropozän

Auch wenn die Geschichtswissenschaft nicht die einzige »dominant technology for putting human affairs in order«[449] ist, so ist sie doch eine Wissenschaft, die unerlässlich ist, um den Menschen (sic!) das gewachsene Gewebe und Gerausche des Planeten zu erklären. Wenn davon auszugehen ist, dass der Klimawandel ein realistisches Krisenszenario des Planeten ist, dann werden die Geschichtswissenschaften erklären und begründen müssen, was die Geo- und Erdsystemwissenschaften diagnostizieren und prognostizieren. Sie hat die Aufgabe, die klimawissenschaftlichen und ökologischen Befunde in Analysen zu übersetzen, die nicht nur die menschengemachte Geschichte des Anthropozäns rekonstruieren, sondern auch die Historizität der Gefüge des Planeten verdeutlichen. Dabei kann auf das zurückgegriffen werden, was Historikerinnen in der Regel besonders gut können: Warum-Fragen stellen, Pfadabhängigkeiten aufzeigen und mögliche Kausalitäten kritisch diskutieren. Die Geschichtswissenschaft kann herausarbeiten, welche Auswirkungen bestimmte Ereignisse und Entscheidungen auf die planetarische Welt hatten, woraus soziale und naturräumliche Krisen, menschliche Kriege, ökologische Extinktionen und Migrationen resultierten, welche Konflikte zwischen Technik, Gesellschaft und naturräumlichen Gefügen das Geo-Engineering und veränderte Energieproduktion hervorbrachten.[450] Darüber hinaus gilt es jedoch auch, den Blick flach zu halten, den betrachteten Ausschnitt mit verschiedenen Blenden zu

449 Leskanich: Redundancy, S. 181.

450 Klimawissenschaften und Geologie wiederum bieten ganz andere, bislang weitgehend menschenfreie Erklärungen für die planetarische Geschichte. Vgl. etwa Zalasiewiecz/Williams: Goldilocks.

zoomen, das Blickfeld je nach sichtbaren Relationen zu verkleinern und zu vergrößern, unterschiedliche Temporalitäten zu untersuchen und damit den aktuellen Diskussionen über die Kontamination von Artefakten, Menschen und anderen Organismen mehr historische Tiefenschärfe zu verleihen.[451] Das alte Fundament, die Beschränkung auf menschengemachte Geschichte und schriftliche Quellen, muss weichen, um Prozesse, die unter den Bedingungen des Anthropozäns entstanden sind und sich in Zukunft weiter entwickeln werden, wissenschaftlich analysieren zu können. Dabei ist an bestehende Prozesse in der Archäologie und Paläoanthropologie anzuknüpfen, die die Entgrenzung der Geschichtswissenschaft schon seit Längerem betreiben.[452]

Einiges ist mittlerweile über die Frage geschrieben worden, warum sich die Geschichtswissenschaft dem Anthropozän zuwenden sollte.[453] Dass sie dabei differenzierter vorgeht als die Geologie, andere Zeitskalen und andere Quellen verwendet, kann ein Kommunikationshindernis in der Zusammenarbeit sein, stärkt aber letztlich die gemeinsamen Argumente. Es ist an der Zeit, die noble Distanz zu verringern, die die Geschichtswissenschaft oft einnimmt, wenn sie scheinbar unpassende Konzepte wie das Anthropozän kritisiert. Der Geograf und Umwelthistoriker Graeme Wynn geht sogar davon aus, dass die Geschichtswissenschaft geradezu prädestiniert ist, im und über das Anthropozän zu forschen:

451 Tim Neu nennt diese Perspektive »Nicht Springen!«. Neu: ANT, S. 30 ff.

452 Andrew Shryock und der Mediävist Daniel L. Smail haben dies ebenfalls vorgeschlagen, allerdings mit Bezug auf das Konzept der »Deep History«, die die menschliche Geschichte insgesamt betrachten möchte. Ein Zoom in einzelne mikrohistorische Gefüge steht ihnen nicht vor Augen. Vgl. Shryock/Smail (Hg.): Deep History.

453 Palmeri: Historians; Izdebski: Stories.

> Historians (and ecologists) know, perhaps above all others, that everything is connected. By refusing to accept easy proximate-cause explanations or one-dimensional interpretations, and exposing connections, history throws light on the complexities of the world, helps us to avoid the pitfalls of glib judgments, steers us to sounder understanding, and helps us to identify the long chain of actions that contribute to particular circumstances.[454]

Historiker sind nach Landwehr Experten für die »angemessene Behandlung komplexer zeitlicher Verhältnisse.«[455] Gerade weil das Anthropozän für die Geschichtswissenschaft keine neue Epoche ist, muss die Vielfalt historischer Zeiten, die enge Verzahnung von Vergangenheit, Gegenwart und Zukunft und die von diesen Zeiten durchwirkten Gefüge in den Fokus gestellt werden. Das Anthropozän erfordert eine Geschichtsschreibung, die das »Ungewisse« und das Überraschende in ihre Narrative integriert.[456] Das Anthropozän verstärkt zudem Methoden, Perspektiven und theoretische Versatzstücke, die für die Geschichtswissenschaft ohnehin eine gewisse Relevanz erlangt haben.[457] Das alles lässt sich nicht einfach konkretisieren und in Gebrauchsanweisungen übersetzen, auch wenn manche als selbsternannte Vertreter der Avantgarde skizzieren, was nun vermeintlich auf den Müllhaufen der Geschichte gehöre oder jedenfalls nicht mehr »state of the art« sei.[458]

454 Wynn: Rabbit Hole.

455 Landwehr: Diesseits der Geschichte, S. 15.

456 Ebd., S. 18; 22.

457 Vgl. etwa Füssel/Neu (Hg.): Akteur-Netzwerk-Theorie, die die Anthropozändebatte nur kurz aufzunehmen, aber viele Elemente diskutieren, die – vermittels der späten Werke von Latour – die Anthropozändebatte markant prägen.

458 Etwa Idzdebski: Stories, S. 10, fordert, sich von nationalistischen

Um aber die theoretischen Verheißungen der Anthropozän-Debatte für die Geschichtswissenschaft tatsächlich fruchtbar zu machen und die skizzierten Fähigkeiten auch im Jahr 2050, wenn vielen Menschen das Wasser bis zum Hals stehen wird, wirksam praktizieren zu können, muss sich die Disziplin verändern und erweitern. Das betrifft auch die Quellen. Schon kleine Abweichungen von der schriftlichen Überlieferung stellen die Geschichtswissenschaft vor enorme Schwierigkeiten. Martin Dusinberre thematisiert in seiner Antrittsvorlesung zur Zukunft der Globalgeschichte das Schweigen der Quellen und das damit einhergehende Verstummen pluraler Stimmen.[459] Auch wenn Dusinberre vor allem die fehlende Integration der nichtschriftlichen Überlieferung von Menschen beklagt und nicht vom Anthropozän spricht, lassen sich diese Desiderate gut übertragen. Geschichtsschreibung im Anthropozän wird die schriftliche Überlieferung als wichtiges Quellenkorpus möglichst kreativ erweitern müssen.[460] »Do glaciers speak?«, fragt etwa Sörlin und skizziert, wie er die Stimme der Gletscher in seine Forschungen einbezieht.[461] Die Daten der Klimaforschung, die DNA-Forschung, archäologische Funde des Anthropozäns, Pflanzen und an-

und Entwicklungsnarrativen zu entfernen. Dafür braucht es allerdings keine Anthropozändebatte.

459 Dusinberre: Great Silence, S. 136. Vgl. auch Trouillot: Silencing the Past.

460 Thomas et al.: Anthropocene, S. 2.

461 Sörlin: Glaciers. Sörlin verweist auf Gletscher als Aktanten, die eine Stimme haben, wenn man ihnen nur lange genug zuhöre. Die Stimme der Gletscher, so Sörlin, habe sich im Laufe der Jahrzehnte verändert. Zudem betont er, wie wichtig es für ihn war, die Geschichte der Glaziologie nicht nur durch die Schriften der Wissenschaftler zu rekonstruieren, sondern durch Visitationen der Landschaften, in denen die Feldforschungen stattgefunden hatten, die Orte zu besuchen, an denen die lokale Bevölkerung, die Helferinnen und Helfer wohnten, Überreste der Behausungen und der Forschungsgeräte zu finden.

dere Organismen sind die »neuen Archive des Anthropozäns«:[462] paläoklimatologische Beobachtungen (u.a. Eisbohrkerne), indigene Wissenssysteme, Tiefseeereignisse und Veränderungen der Stratosphäre, tierische Perspektiven, alternative Überlieferungen und Gene, Zähne, Proteine.[463] Aber auch Träume, Musik, Kunstwerke und Geräusche, wie das Heulen von Wölfen, werden zu möglichen Quellen.[464]

Die planetarische Krise, deren Ausmaß insbesondere vom weiteren Anstieg der globalen Durchschnittstemperatur abhängt, spiegelt sich in einer in vielen Disziplinen wahrgenommenen wissenschaftlichen Unsicherheit wider. Für die Geschichtswissenschaft betrifft dies sowohl die Untersuchungsgegenstände, die Narrationen, die Theorien und Methoden als auch ihre gesellschaftliche Funktion. Ersteres, die Frage der Untersuchungsgegenstände, mag überschaubar sein, denn die Geschichtswissenschaft ist kein Neuling in der Erforschung gefährdeter Räume und anderer Katastrophen. Die Geschichten von Nahrungsmittelkrisen, Massenmigrationen und sozialer Ungleichheit sind vertraut. Untergegangene Lebenswelten oder wastelands haben Historiker zwar meist der Anthropologie, der Archäologie und auch der Kunst überlassen, aber das lässt sich leicht ändern. Aber versunkene Inseln, zerstörte oder rasant veränderte Ökosysteme, Veränderungen in der Stratosphäre oder in der Tiefsee und damit die Bedrohung vieler Lebensgrundlagen lassen wir in unseren menschzentrierten Gesellschafts-, Politik- und Wirtschaftsgeschichten in der Regel außen vor. Von der damit einhergehenden institutionalisierten Spezialisierung hat die Geschichtswissenschaft

462 Mercer: Archives.

463 McNeill: Peak Document; Currie: Records.

464 Rutherford: Success; zu Träumen Elberfeld et al. (Hg.): Erträumte Geschichte(n).

lange Zeit enorm profitiert, die Ausdifferenzierung in verschiedene Teildisziplinen war sogar ein erfolgreiches Instrument, um die nationalistische Historiografie weißer Männer aufzubrechen. Doch diese Notwendigkeit scheint nicht mehr zu bestehen. Vielmehr hat die bestehende Kompartimentierung zu einer Verfestigung von Expertenwissen, zu kleinen Kommunikationsinseln und letztlich zu einer Desintegration des Wissens geführt. Die fein säuberliche, auch institutionell durch Lehrstühle, Zeitschriften und Teildisziplinen gestützte Trennung der Zugangsweisen, die Fragen der Natur, der sogenannten Umwelt und des Klimas der Umweltgeschichte überließen, hat sich überlebt. Natürlich können wir heute nicht genau wissen, wie die Geschichtswissenschaften in fünfzig Jahren die Vergangenheiten erzählen werden. Aber wir können damit beginnen, unsere Fragen, Quellen, Methoden und Gegenstände weiter zu pluralisieren und zu verweben, um die sich am Horizont deutlich abzeichnenden planetarischen Verwerfungen analysieren zu können.[465]

Während ich die vorerst letzten Sätze dieses Buches schreibe, sind die Nachrichten von Prognosen der Europäischen Umweltagentur geprägt, die einmal mehr vor den unausweichlichen Gefahren warnen, die sich aus dem unterlassenen Handeln in der Gegenwart für die Zukunft ergeben. Gleichzeitig protestieren weltweit Bewegungen meist junger Klimaaktivisten gegen das mangelnde Tempo bei der Umsetzung der global vereinbarten Klimaabkommen. In der Debatte um das Anthropozän spiegeln sich inzwi-

465 Rens Bod betont die enge Verbindung zwischen methodischer Vielfalt in der Historiografie und der Unendlichkeit der Gegenstände historischer Betrachtungen, ohne das Anthropozän zu erwähnen: »There are no ›absolute‹ principles for all forms of historiography because history gives no boundaries to its subject.« Vgl. Bod: Humanities, S. 270 f.

schen deutlich grundsätzliche Differenzen in der politischen Bewertung des Sachverhalts wider: Während die einen das Anthropozän als zu moderierenden Veränderungsprozess definieren, den es von Alarmismus und apokalyptischen Visionen freizuhalten gilt, trauern andere um aussterbende Arten oder verweisen öffentlichkeitswirksam und manchmal militant auf die fatalen Folgen versäumten Entscheidungshandelns. Und daneben versuchen die Petromächte – Konzerne, Staaten, Rechtspopulisten – weiterhin, eine Energiewende zu verhindern, liberalen, alternativen und linken Ideen den Raum zu nehmen und jede Debatte über Klimagerechtigkeit im Keim zu ersticken.[466] Historiker und Historikerinnen bewegen sich in diesen Feldern divergierender Zentrifugalkräfte, auch als Zeitgenossinnen, als Aktivisten, als Kommentatorinnen und als Beobachter, wie Geschichte gemacht wird. Allein die derzeitige Gegenwart zukünftig als Vergangenheit zu beschreiben, erfordert wohl das Augenmaß einer Stubenfliege: ein Facettenauge, das in der Lage ist, die Vielfalt der Relationen in einem weiten Blickfeld auch an den Rändern scharf zu sehen. Wie diese Veränderungen in die Ausbildung von Lehrerinnen und Lehrern einfließen können, wie diese das Thema Anthropozän in den Schulunterricht integrieren können, ist noch weitgehend unreflektiert.[467] Dafür werden sich Historiker vermutlich dreckig machen, werden disziplinäre, ontologische, temporale und räumliche Grenzen überschreiten, institutionelle Ordnungen durcheinanderbringen und subdisziplinäre Glaubenssysteme in Form von ›Denkschulen‹ aufbrechen müssen. Sogar die Position der beobachtenden Historikerin wird sich verän-

466 Mann: Climate War; Bonneuil et al.: Early Warnings.

467 Vgl. aber McGregor et al.: Wicked Problem; Sippl et al. (Hg.): Anthropozän.

dern, wenn wir zulassen, dass die Kontamination auch unseren Subjektstatus betrifft.[468]

All dies ist keine Theorie der Geschichtswissenschaft im Anthropozän. Vielmehr handelt es sich um den Versuch einer Rationalisierung durch Kontamination und Relationierung angesichts der multiplen Bedrohungen durch die verschiedenen Auswirkungen der Klimakrise, eine Form, die Achim Landwehr »Bearbeitungs- und Beschreibungsformen für das Ungewisse«[469] genannt hat. Wissen und Forschung werden sich den planetarischen Herausforderungen stellen müssen, die sich aus dem Klimawandel der Gegenwart und der nahen Zukunft ergeben.[470] Nur das Wissen um die Vergangenheit ermöglicht vernunftgeleitete Entscheidungen in der Gegenwart. Insofern ist Geschichte eine Ressource für die Zukunft. Veränderung und Verbesserung der Verhältnisse werden ohne den Bezug auf die Vergangenheiten, auch auf die Kämpfe und den Widerstand, nicht denkbar sein.[471] Eine kontaminierte Geschichtsschreibung im Anthropozän erklärt die Ambivalenzen des Drecks, den die Menschheit auf dem Planeten angerichtet hat und der die Ökologie und Menschheit bereits heute je nach Wohlstandsgefälle und geografischer Lage in unterschiedlicher Intensität bedroht. Sie nutzt die Kontamination gleichzeitig als Augenmaß und verbindet multitemporale Perspektiven, Multi-Spezies-Gefüge und naturkulturelle Grenzräume mit den verschiedenen Sphären des Planeten. Darüber hinaus analysiert sie die umkämpften Wis-

468 Vgl. den reisenden Historiker Griffiths: Silence, der die Notwendigkeit der Geschichtsschreibung insbesondere vor dem Hintergrund seiner Erfahrungen auf der Reise betont: »To survive, you need food, you need warmth, and you need stories.« Ebd., S. 4.

469 Landwehr: Diesseits der Geschichte, S. 18.

470 Renn: Knowledge, S. 415 f.

471 Armitage: Presentism, S. 20.

sensordnungen des Anthropozäns, ihre Repräsentationen und ihre Dogmen.[472] Ob diese Geschichten die Politik und das Verhalten der Menschen verändern werden, bleibt abzuwarten.[473] Zumindest aber wird es im Jahr 2050 viele Fragen geben, wie es dazu kommen konnte und warum so wenig dagegen unternommen wurde. Die Geschichtswissenschaft kann sich besser darauf vorbereiten, diese Fragen umfassend und in angemessener Komplexität kompetent zu beantworten.

Um zum Schluss noch einmal auf das vereiste Auto aus der Geschichte von Adelheid Duvanel zurückzukommen: Das Auto hat im Frost seine Konturen verloren, denn seine Oberfläche hat sich der eisigen Umwelt angepasst. Das Auto kann so zu einer weißen Tafel werden, auf der ein Kind ein Wort hinterlässt, das ihm wichtig ist. Der Frost und das Wort des Kindes verändern die Wahrnehmung und die Funktion des Autos. Für das zornige Kind ist es eine willkommene Tafel. Für den Frost – was wissen wir bislang davon? Das Auto, das den ZORN eines Kindes trägt, ist ein Symbol für die Beziehungen zwischen der Materialität des Artefakts, der Natur, der Zeitlichkeit und der Sprache, die für einen kalten Moment sichtbare Beziehungen eingehen und ihren Status verändern. Steigt die Temperatur, schmilzt das Eis, verschwindet das Wort. Zurück bleibt ein Auto. Und womöglich der Zorn eines Kindes.

472 Hilfreich zur historiografischen Perspektive auf die Erdsystemwissenschaften: Coen/Jonsson: Earth System Science.

473 Fenske/Norkunas: Experiencing; Idzbeski: Stories, S. 11.

Danksagung

Der großzügigen Förderung durch die VolkswagenStiftung ist es zu verdanken, dass ich dieses Buch schreiben konnte. Sie ermöglichte die Vertretung der Professur durch die kompetente Nina Verheyen. Meine Bochumer Kollegen und Kolleginnen unterstützten das Vorhaben ohne Vorbehalte. Für alles – die Förderung, die Vertretung und das Vertrauen – bin ich sehr dankbar. Besonderen Dank schulde ich all jenen, die mich bei Vorträgen kritisiert und bestärkt haben. Die Diskussionen in Amsterdam, Bochum, Cambridge, Essen, Freiburg, Göttingen, Halle a.d. Saale, Hannover und Kassel haben mich immer wieder ermutigt, da sie gezeigt haben, dass die Anthropozän-Debatte bewegt, dass sie politisch ist und dass es etwas zu gewinnen gibt. Eine Einladung des Museums für Naturkunde in Berlin gab mir die Gelegenheit, über das Schweineherz zu diskutieren, vielen Dank dafür.

Die ursprüngliche Idee zum Buch entstand beim wöchentlichen Mittagessen mit Tim Neu, der auch die Antragstellung begleitet hat. Die »Kaminrunde« mit Stefan Berger, Lucian Hölscher und Chris Lorenz war entscheidend für die Überarbeitung des Textes, als ich mich schon am Ende wähnte. Mein Kollege an der Ruhr-Universität Bochum, Frank Uekötter, hat das gesamte Manuskript sachkundig, kritisch und solidarisch gelesen. Achim Landwehr und Caroline Arni haben einzelne Kapitel im Detail gelesen und mich mit ihren Kommentaren vor Unlesbarkeit und Mängeln bewahrt. Die Mitarbeiter und Mitarbeiterinnen am Arbeitsbereich Transnationale Geschichte – Lasse Heerten, Lisa Gerlach, Anna Breidenbach, Johanna Mues, Estella Green und Mike Erdtmann – haben sich auf kluge Weise auf das Anthropozän eingelassen. Die Bochumer Studierenden in meinen Anthropozän-Seminaren waren neugierig, experimentell und kritisch. Estella Green hat das Manuskript präzise überarbeitet und druckfertig gemacht. Heike von Hagen hat das Projekt mit bewundernswerter Kompetenz verwaltet. Allen Genannten bin ich zu großem Dank verpflichtet. Für die Aufnahme in die Reihe »Historische Geisteswissenschaften« danke ich Eva Geulen, Julika Griem und Bernhard Jussen. Die umfängliche und wohlwollende Betreuung durch Markus Ciupke vom Wallstein Verlag und das Korrektorat von Peter Köhler sind in der akademischen Verlagslandschaft selten geworden.

Chris Lorenz hat meine Reise in das Anthropozän stets begleitet. Er hat gelesen, kommentiert, widersprochen, manchmal auch resigniert, wenn ich in philosophische Fettnäpfchen getreten bin. Hoffen wir für Milan und alle anderen Kinder, dass sie zornig, weitsichtig und fantasievoll genug sind, um die Entwicklung des Lebens auf diesem Planeten zu verbessern.

Literaturverzeichnis

Abou-Mahmoud, Mohamed M. Elsaied: Assessing Coastal Susceptibility to Sea-Level Rise in Alexandria, Egypt, in: The Egyptian Journal of Aquatic Research 47, 2021, S. 133–141.

Adloff, Frank / Neckel, Sighard (Hg.): Gesellschaftstheorie im Anthropozän, Frankfurt a.M. 2020.

Alexander, Kristine et al.: Mapping Modern Rejuvenation. An Introduction, in: Journal of Social History 53, 2020, Nr. 4, S. 875–888.

Ameli, Katharina: Multispezies-Ethnographie. Zur Methodik einer ganzheitlichen Erforschung von Mensch, Tier, Natur und Kultur, Bielefeld 2021.

Amrith, Sunil: Unruly Waters. How Mountain Rivers and Monsoons Have Shaped South Asia's History, New York 2020.

– South Asia's Coastal Frontiers, in: Cederlöf, Gunnel / Rangarajan, Mahesh (Hg.): Nature's Edge. The Global Present and Long-Term History, Oxford / New Delhi 2018, S. 210–228.

Antweiler, Christoph: Anthropologie im Anthropozän. Theoriebausteine für das 21. Jahrhundert, Darmstadt 2022.

Armitage, David / Guldi, Jo: The History Manifesto, Cambridge 2014.

Armitage, David: In Defense of Presentism, in: McMahon, Darrin M. (Hg.): History and Human Flourishing, Oxford 2020, S. 59–84.

Arndt, Melanie: Tschernobylkinder. Die transnationale Geschichte einer nuklearen Katastrophe, Göttingen 2020.

Arni, Caroline: Nach der Kultur. Anthropologische Potentiale für eine rekursive Geschichtsschreibung, in: Historische Anthropologie 26, 2018, Nr. 2, S. 200–223.

Arni, Caroline / Probst, Milo: Natur-Kultur, erscheint in: Handbuch Historik, Springer, 2025.

Aronsson, Anne / Holm, Fynn: Multispecies Entanglements in the Virosphere. Rethinking the Anthropocene in Light of the 2019 Coronavirus Outbreak, in: The Anthropocene Review 9, 2022, S. 24–36.

Assmann, Aleida: Ist die Zeit aus den Fugen? Aufstieg und Fall des Zeitregimes der Moderne, München 2013.

Austin, Gareth (Hg.): Economic Development and Environmental History in the Anthropocene. Perspectives on Asia and Africa, London et al. 2019.

Bajohr, Hannes: Keine Quallen. Anthropozän und Negative Anthropologie, in: Merkur 73, 2019, Nr. 840, S. 63–74.

Baker, Alan R.H.: Geography and History. Bridging the Divide, Cambridge 2003.

Balée, William: The Research Program of Historical Ecology, in: Annual Review of Anthropology 35, 2006, S. 75–98.

Barak, On: Powering Empire. How Coal Made the Middle East and Sparked Global Carbonization, Oakland 2020.

Baratay, Éric: Animal Biographies. Toward a History of Individuals, Athens, GA 2022.

Bashford, Alison: The Anthropocene is Modern History. Reflections on Climate and Australian Deep Time, in: Australian Historical Studies 44, 2013, Nr. 3, S. 341–349.

Baucom, Ian: History 4° Celsius. Search For a Method in the Age of the Anthropocene, Durham/London 2020.

Beckert, Jens: Verkaufte Zukunft. Warum der Kampf gegen den Klimawandel zu scheitern droht, Berlin 2024.

Behringer, Wolfgang: Tambora und das Jahr ohne Sommer. Wie ein Vulkan die Welt in die Krise stürzte, München 2015.

Bellamy, Edward: Looking backward 2000 to 1887, Boston 1888.

Bensaude-Vincent, Bernadette: Rethinking Time in Response to the Anthropocene. From Timescales to Timescapes, in: The Anthropocene Review 9, 2022, Nr. 2, S. 206–219.
Benson, Etienne S.: Surroundings. A History of Environments and Environmentalisms, Chicago/London 2020.
Berger, Stefan: History and Identity. How Historical Theory Shapes Historical Practice, Cambridge 2022.
Bergthaller, Hannes / Horn, Eva: Anthropozän zur Einführung, Hamburg 2019.
Bernstein, Anya: Pleistocene Park. Engineering Wilderness in a More-Than-Human World, in: Critical Inquiry 3, 2024, S. 452–471.
Bhattacharyya, Debjani: Empire and Ecology in the Bengal Delta. The Making of Calcutta, Cambridge 2019.
Bird-David, Nurit: »Animism« Revisited. Personhood, Environment, and Relational Epistemology, in: Current Anthropology 40, 1999, S. 67–91.
Blackbourn, David: Die Eroberung der Natur. Eine Geschichte der deutschen Landschaft, München 2008.
Blasius, Dirk: Wissenschaft, Alltag und Geschichte. Zu Wolf Lepenies' »Das Ende der Naturgeschichte«, in: Geschichte und Gesellschaft 7, 1981, Nr. 1, S. 134–141.
Bod, Rens: A New History of the Humanities. The Search for Principles and Patterns from Antiquity to the Present, Oxford 2015.
Bonneuil, Christophe et al.: Early Warnings and Emerging Accountability. Total's Responses to Global Warming, 1971–2021, in: Global Environmental Change 71, 2021. https://doi.org/10.1016/j.gloenvcha.2021.102386.
Bonneuil, Christophe / Jean-Baptiste Fressoz: The Shock of the Anthropocene. The Earth, History and Us, London / New York 2016.

Bouton, Christophe: L'Accélération de l'Histoire. Des Lumières à l'Anthropocène, Paris 2022.

Bouton, Christophe / Huneman, Philippe: Time of Nature, Nature of Time. Philosophical Perspectives of Time in Natural Science, Cham 2017.

Braidotti, Rosi: Posthumanismus. Leben jenseits des Menschen, Frankfurt a.M. / New York 2014.

Brandstetter, Johann / Reichholf, Josef H.: Symbiosen. Das erstaunliche Miteinander in der Natur, Berlin [2]2018.

Brantz, Dorothee: Slaughter in the City. The Establishment of Public Abattoirs in Paris and Berlin, 1780–1914, unveröffentl. PhD Dissertation, University of Chicago 2003.

Braudel, Fernand: Das Mittelmeer und die mediterrane Welt in der Epoche Phillip des II., Bd. 1, Frankfurt a.M. [2]2001.

Brown, Kate: Dispatches from Dystopia. Histories of Places Not Yet Forgotten, Chicago/London 2015.

– Learning to Read the Great Chernobyl Acceleration. Literacy in the More-Than-Human Landscapes, in: Current Anthropology 60, 2019, Suppl. 20, S. 198–208.

Bundesverfassungsgericht: Leitsätze zum Beschluss des Ersten Senats vom 24. März 2021. https://www.bundesverfassungsgericht.de/SharedDocs/Entscheidungen/DE/2021/03/rs20210324_1bvr265618.html.

Burtynsky, Edward et al.: Anthropocene, Göttingen 2018.

Campkin, Ben / Cox, Rosie: Introduction. Materialities and Metaphors of Dirt and Cleanliness, in: dies. (Hg.): Dirt. New Geographies of Cleanliness and Contamination, London / New York 2007, S. 1–8.

Cederlöf, Gunnel / Rangarajan, Mahesh: The Global Present and Long-Term Perspectives on Nature and History. An Introduction, in: dies. (Hg.): Nature's Edge. The Global Present and Long-Term History, Oxford / New Delhi 2018, S. xiii–xlii.

Chakrabarty, Dipesh: The Climate of History in a Planetary Age, Chicago/London 2021.
– Climate and Capital. On Conjoined Histories, in: Critical Inquiry 41, 2014, Nr. 1, S. 1–23.
– Verändert der Klimawandel die Geschichtsschreibung?, in: Transit. Europäische Revue 41, 2011, S. 143–163.
– The Climate of History. Four Theses, in: Critical Inquiry 35, 2009, S. 197–222.
– Provincializing Europe. Postcolonial Thought and Historical Difference, Princeton 2000.
Chandler, David et al. (Hg.): International Relation in the Anthropocene. New Agendas, New Agencies and New Approaches, Cham 2022.
Chandler, David / Reid, Julian: Becoming Indigenous. Governing Imaginaries in the Anthropocene, London 2019.
– Becoming Indigenous. The »Speculative Turn« in Anthropology and the (Re)colonization of Indigeneity, in: Postcolonial Studies 23, 2020, S. 485–504.
Charbonnier, Pierre: Überfluss und Freiheit. Eine ökologische Geschichte der politischen Ideen, Frankfurt a.M. 2022.
– A Genealogy of the Anthropocene. The End of Risk and Limits, in: Annales. Histoire, Sciences Sociales 72, 2017, Nr. 2, S. 301–328.
Christian, David: Maps of Time. An Introduction to »Big History«, Berkley et al. 2005.
Clark, Nigel / Szerszynski, Bronislaw: Planetary Social Thought. The Anthropocene Challenge to the Social Sciences, Cambridge, UK/Medford, MA 2021.
Clavin, Patricia: Defining Transnationalism, in: Contemporary European History 14, 2005, Nr. 4, S. 421–439.
Coen, Deborah: Climate in Motion. Science, Empire, and the Problem of Scale, Chicago/London 2020.
Coen, Deborah R. / Jonsson, Fredrik A.: Between History and Earth System Science, in: Isis 113, 2022, S. 407–416.

Conrad, Sebastian: What is Global History?, Princeton/Oxford 2016.

Cronon, William: Storytelling, in: American Historical Review 118, 2013, Nr. 1, S. 1–19.

– The Trouble with Wilderness. Or, Getting Back to the Wrong Nature, in: Cronon, William (Hg.): Uncommon Ground. Rethinking the Human Place in Nature, New York 1995, S. 69–90.

Crosby, Alfred W.: The Columbian Exchange. Biological and Cultural Consequences of 1492, Westport, CT 1972.

Crowley, Martin: Accidental Agents. Ecological Politics Beyond the Human, New York 2022.

Currie, Adrian: Of Records & Ruins. Metaphors about the Deep Past, in: Journal for the Philosophy of History 17, 2023, S. 154–175.

Cushman, Gregory T.: Guano and the Opening of the Pacific World. A Global Ecological History, Cambridge 2013.

D'Oro, Giuseppina: In Defence of a Humanistically Oriented Historiography. The Nature / Culture Distinction at the Time of the Anthropocene, in: Kuukkanen, Jouni-Matti (Hg.): Philosophy of History. Twenty-First-Century Perspectives, London et al. 2021, S. 216–236.

– In Defence of the Agent-Centered Perspective, in: Metaphilosophy 36, 2005, Nr. 5, S. 652–667.

Dabringhaus, Sabine: Perspectives on the Environmental History of China, in: Journal of Chinese History 2, 2018, S. 281–290.

Dalby, Simon: Anthropocene Geopolitics. Globalization, Security, Sustainability, Ottawa 2020.

Daston, Lorraine: Gegen die Natur, Berlin 2018.

Degroot, Dagomar: Climate History, the History of Crisis and the Climate Crisis, in: NiCHE, 16.9.2021. https://niche-canada.org/2021/09/16/climate-history-the-history-of-science-and-the-climate-crisis/.

DeJohnAnderson, Virginia: Creatures of Empires. How Domestic Animals Transformed Early America, Oxford / New York 2006.
Deleuze, Gilles / Guattari, Félix: Rhizom, Berlin 1977.
Demandt, Alexander: Metaphern für Geschichte. Sprachbilder und Gleichnisse im historisch-politischen Denken, München 1978.
– Natur- und Geschichtswissenschaft im 19. Jahrhundert, in: Berichte zur Wissenschaftsgeschichte 6, 1983, Nr. 1–4, S. 59–78.
Demuth, Bathsheba: Floating Coast. An Environmental History of the Bering Strait, New York 2019.
– On the Agency of Environmental History, in: Journal of Social History 57, 2024, Nr. 3, S. 398–403.
Descola, Philippe: Ökologie der Anderen. Die Anthropologie und die Frage der Natur, Berlin 2014.
– Jenseits von Natur und Kultur, Berlin 2011.
Dixon, Adele M. et al.: Future Loss of Local-Scale Thermal Refugia in Coral Reef Ecosystems, in: PLOS Climate 1, 2022, Nr. 2. https://doi.org/10.1371/journal.pclm.0000004.
Dogdon, Randall A.: Controlling the Dragon. Confucian Engineers and the Yellow River in Late Imperial China, Honolulu 2001.
Domańska, Ewa: The Paradigm Shift in the Contemporary Humanities and Social Sciences, in: Kuukkanen, Jouni-Matti (Hg.): Philosophy of History. Twenty-First Century Perspectives, London et al. 2021, S. 180–197.
– Posthumanist History, in: Burke, Peter / Tamm, Marek (Hg.): Debating New Approaches to History, London 2018, S. 327–352.
Dooren, Thom van: Flight Ways. Life and Loss at the Edge of Extinction, New York 2014.
Dooren, Thom van / Chrulew, Matthew (Hg.): Kin. Thinking with Deborah Bird Rose, Durham/London 2022.

Douglas, Mary: Reinheit und Gefährdung. Eine Studie zu Vorstellungen von Verunreinigung und Tabu, Frankfurt a.M. 1988.

Droysen, Johann Gustav: Historik. Historisch-kritische Ausgabe von Peter Leyh und Horst Walter Blanke, 5 Bände, Bd. 1: Grundriß der Historik, Stuttgart [3]1977.

Dunsworth, Edward / Macfarlane, Daniel: Historians Confront the Climate Emergency. Introduction, in: NiCHE, 14.9.2021. https://niche-canada.org/2021/09/14/historians-confront-the-climate-emergency-introduction/.

Dusinberre, Martin: Japan, Global History and the Great Silence, in: History Workshop Journal 83, 2017, Nr. 1, S. 130–150.

Ebron, Paulla / Tsing, Anna: Feminism and the Anthropocene. Assessing the Field through Recent Books, in: Feminist Studies 43, 2017, Nr. 3, S. 658–683.

Ekström, Anders / Bergwik, Staffan (Hg.): Times of History, Times of Nature. Temporalization and the Limits of Modern Knowledge, New York / Oxford 2022.

Elberfeld, Jens et al. (Hg.): Erträumte Geschichte(n). Zur Historizität von Träumen, Visionen und Utopien, Frankfurt a.M. 2022.

Ellis, Erle C.: Anthropocene. A Very Short Introduction, New York 2018.

Epple, Angelika: Calling for a Practice Turn, in: History & Theory 57, 2018, S. 390–407.

– Relationale Geschichtsschreibung. Gegenstand, Erkenntnisinteresse und Methode globaler und weltregionaler Geschichtsschreibung. In: H-Soz-Kult, 2.11.2017. https://www.hsozkult.de/debate/id/fddebate-132350.

– Lokalität und die Dimension des Globalen. Eine Frage der Relation, in: Historische Anthropologie. Kultur – Gesellschaft – Alltag. Themenheft: Lokalität und transnationale Verflechtungen 21, 2013, Nr. 1, S. 4–25.

Exchanges. The Interdisciplinary Research Journal 10, 2023, Nr. 2: Special Issue. The Anthropocene and More-Than-Human World.
Favre, David: Living Property. A New Status for Animals Within the Legal System, in: Marquette Law Review 93, 2010, Nr. 3, S. 1021–1072.
Febvre, Lucien: La terre et l'Évolution humaine, Paris 1922.
Fenske, Michaela / Norkunas, Martha: Experiencing the More-Than-Human-World, in: Narrative Culture 4, 2017, Nr. 2, S. 105–110.
Findlen, Paula: Natural History, in: Park, Katharine / Daston, Lorraine (Hg.): The Cambridge History of Science. Vol. 3. Early Modern Science, Cambridge 2006, S. 435–468.
Fischer-Tiné, Harald: Marrying Global History with South Asian History. Potential and Limits of Global Microhistory in a Regional Inflection, in: Comparativ 28, 2018, S. 49–74.
Franklin, Alfred: Les ruines de Paris en 4875, Paris 1875.
Fraser, Nancy: Cannibal Capitalism. How our System is Devouring Democracy, Care, and the Planet – and What We Can Do About It, London 2022.
Frazier, Latoya Ruby: Flint is Family in Three Acts, Göttingen 2022.
Freist, Dagmar: Zur Einführung, in: Brendecke, Arndt (Hg.), Praktiken der Frühen Neuzeit. Akteure – Handlungen – Artefakte, Köln et al. 2015, S. 267–274.
Fudge, Erica: What Was It Like to be a Cow? History and Animal Studies, in: Kalof, Linda (Hg.): The Oxford Handbook of Animal Studies, Oxford 2017, S. 258–278.
Fulda, Daniel: Time Travel as Running around in Circles. The Popular Historical Novel and the Sense of Historicity in Today's Society, in: Berger, Stefan et al. (Hg.): Analysing Historical Narratives. On Academic, Popular

and Educational Framings of the Past, New York 2021, S. 240–256.
– Historiographic Narration, in: Hühn, Peter et al. (Hg.): Handbook of Narratology, Berlin et al. 2014, S. 227–240.
Füssel, Marian / Neu, Tim (Hg.): Akteur-Netzwerk-Theorie und Geschichtswissenschaft, Paderborn 2021.
Gattey, Emma: Global Histories of Empire and Climate in the Anthropocene, in: History Compass 19, 2021, Nr. 8, S. 1–13.
George, Hereford Brooke: The Relation of Geography and History, Oxford 1901.
Ghobrial, John-Paul A.: Introduction. Seeing the World Like a Micro-Historian, in: Past & Present 242, 2019, Suppl. 14, S. 1–22.
Ghosh, Amitav: The Great Derangement. Climate Change and the Unthinkable, Chicago/London 2016.
Gibson, Hannah / Venkateswar, Sita: Anthropological Engagement with the Anthropocene. A Critical Review, in: Environment and Society 6, 2015, S. 5–27.
Gilbert, Scott F.: Holobiont by Birth. Multilineage Individuals as the Concretion of Cooperative Processes, in: Tsing, Anna et al. (Hg.): Arts of Living on a Damaged Planet, Minneapolis/London 2017, M73-M89.
Gilbert, Scott F. et al.: A Symbiotic View of Life. We have Never Been Individuals, in: Quarterly Review of Biology 87, 2012, Nr. 4, S. 325–341.
Ginn, Franklin: Sticky Lives. Slugs, Detachment and More-than-Human Ethics in the Garden, in: Transactions of the Institute of British Geographers 39, 2014, Nr. 4, S. 532–544.
Gißibl, Bernhard: Das kolonisierte Tier. Zur Ökologie der Kontaktzonen des deutschen Kolonialismus, in: WerkstattGeschichte 56, 2010, S. 7–28.

Gould, Stephen Jay: Zufall Mensch. Das Wunder des Lebens als Spiel der Natur, München 1994.
Grace, Joshua: African Motors. Technology, Gender, and the History of Development, Durham/London 2021.
Graf, Rüdiger: Vorhersagen und Kontrollieren. Verhaltenswissen und Verhaltenspolitik in der Zeitgeschichte, Göttingen 2024.
– Öl und Souveränität. Petroknowledge und Energiepolitik in den USA und Westeuropa in den 1970er Jahren, Berlin 2014.
Greene, Ann: Horses at Work. Harnessing Power in Industrial America, Cambridge 2008.
Griffin-Pierce, Trudy: Earth is My Mother, Sky is My Father. Space, Time, and Astronomy in Navajo Sandpainting, Albuquerque 1995.
Griffiths, Tom: Slicing the Silence. Voyaging to Antarctica, Cambridge/London 2007.
Guldi, Jo / Armitage, David: The History Manifesto, Cambridge 2014.
Gutmann, Andreas: Pachamama als Rechtssubjekt. Rechte der Natur und indigenes Denken in Ecuador, in: Zeitschrift für Umweltrecht, 2019, Nr. 11, S. 611–617.
Hähnle, Mirjam: Carolyn Merchants »Death of Nature« und die sozio-ökologischen Utopien der Frühen Neuzeit. Eine Relektüre in Zeiten der Klimakrise, in: L'Homme. Europäische Zeitschrift für feministische Geschichtswissenschaft 34, 2023, Nr. 2, S. 33–48.
Hallam, Elizabeth / Ingold, Tim (Hg.): Making and Growing. Anthropological Studies of Organism and Artefacts, Dorchester 2014.
Hallé, Clémence / Milon, Anne-Sophie: The Infinity of the Anthropocene: A (Hi)story with a Thousand Names, in: Latour, Bruno / Weibel, Peter (Hg.): Critical Zones. The

Science and Politics of Landing on Earth, Cambridge MA 2020, S. 44–49.

Hamilton, Clive et al. (Hg.): The Anthropocene and the Global Environmental Crisis. Rethinking Modernity in A New Epoch, London / New York 2015.

Hamilton, Clive: Getting the Anthropocene So Wrong, in: The Anthropocene Review 2.2, 2015, S. 102–107.

Hanusch, Frederic et al.: Planetar denken. Ein Einstieg, Bielefeld 2021.

Haraway, Donna J.: Unruhig bleiben. Die Verwandtschaft der Arten im Chthuluzän, Frankfurt a.M. / New York 2018.

– Symbiogenesis, Sympoiesis, and Art Science Activisms for Staying with the Trouble, in: Tsing, Anna et al. (Hg.): Arts of Living on a Damaged Planet. Ghosts and Monsters of the Anthropocene, Minneapolis/London 2017, M25-M50.

– Manifesto for Cyborgs. Science, Technology, and Socialist Feminism in the 1980's, in: Socialist Review 80, 1985, S. 65–108.

Haraway, Donna J. et al.: Anthropologists Are Talking – About the Anthropocene, in: Ethnos 81, 2016, S. 535–564.

Hasenöhrl, Ute: Histories of Technology and the Environment in Post/Colonial Africa. Reflections on the Field, in: Histories 1, 2021, S. 122–144.

Hathaway, Michael J.: What a Mushroom Lives For. Matsutake and the Worlds They Make, Princeton/Oxford 2022.

Häußling, Roger: Relationale Soziologie, in: Stegbauer, Christian / Häußling, Roger (Hg.): Handbuch Netzwerkforschung, Wiesbaden 2010, S. 63–87.

Head, Martin J. et al.: The Great Acceleration Is Real and Provides a Quantitative Basis for the Proposed Anthro-

pocene Series/Epoch, in: Episodes. Journal of International Geoscience 45, 2022, Nr. 4, S. 359–376.
Helander-Renvall, Elina: Animism, Personhood and the Nature of Reality. Sami Perspectives, in: Polar Record 46, 2010, S. 44–56.
Hennig, Nicolai: Kalkulierte Gefahren. Naturkatastrophen und Vorsorge seit 1800, Göttingen 2019.
Hofbauer, Gottfried: Die geologische Revolution. Wie die Entdeckung der Erdgeschichte unser Denken veränderte, Darmstadt 2015.
Höfele, Philipp et al.: Introduction. The Role of Nature in the Anthropocene – Defining and Reacting to a New Geological Epoch, in: The Anthropocene Review 9, 2022, S. 129–138.
Hölscher, Lucian: Zeitgärten. Zeitfiguren in der Geschichte der Neuzeit, Göttingen 2020.
– Die Entdeckung der Zukunft, Göttingen [2]2016.
– Future Pasts. About a Form of Thought in Modern Society, in: Sustainability Science 14, 2019, S. 899–904.
– (Hg.): Die Zukunft des 20. Jahrhunderts. Dimensionen einer historischen Zukunftsforschung, Frankfurt a.M. 2017.
Holtorf, Cornelius: Periodization of the Future, in: Simon, Zoltán B. / Deile, Lars (Hg.): Historical Understanding. Past, Present, and Future, London 2022, S. 167–178.
Howell, Philip et al. (Hg.): Animal History in the Modern City. Exploring Liminality, London 2018.
Howell, Philip: Animals, Agency and History, in: Kean, Hilda / Howell, Philip (Hg.): The Routledge Companion to Animal-Human History, Abingdon / New York 2019, S. 197–221.
Hth., G.: Der Guano und seine Fundorte, in: Die Gartenlaube, Leipzig 1863, S. 260–264.
Hunt, Lynn: Against Presentism, in: Perspectives on History, 1.5.2002. https://www.historians.org/research-

and-publications/perspectives-on-history/may-2002/against-presentism.

Iheka, Cajetan: African Ecomedia. Network Forms, Planetary Politics, Durham/London 2021.

Ingold, Tim: Correspondences, Cambridge 2021.

– Globes and Spheres. The Topology of Environmentalism, in: Milton, Kay (Hg.): Environmentalism. The View from Anthropology, London / New York 1993, S. 31–42.

IPCC, Climate Change 2022. Impacts, Adaptation and Vulnerability, Cambridge / New York 2022.

Isberg, Erik: Multiple Temporalities in a New Geological Age. Revisiting Reinhart Koselleck's Zeitschichten, in: Geschichte und Gesellschaft 46, 2020, S. 729–735.

Isenberg, Andrew C. (Hg.): The Oxford Handbook of Environmental History, New York 2014.

Izdebski, Adam: What Stories Should Historians Be Telling at the Dawn of the Anthropocene, in: Izdebski, Adam et al. (Hg.): Perspectives on Public Policy in Societal-Environmental Crises. What the Future Needs from History, Princeton 2020, S. 9–19.

Jäger, Friedrich (Hg.): Menschen und Tiere. Grundlagen und Herausforderungen der Human-Animal Studies, Dortmund 2020.

James, Diana: Tjukurpa Time, in: McGrath, Ann / Jebb, Mary A. (Hg.): Long History, Deep Time. Deepening Histories of Place, Acton 2015, S. 33–46.

Jaque, Andrés et al. (Hg.): More-Than-Human, Brüssel 2020.

Jarrige, François / Le Roux, Thomas: The Contamination of the Earth. A History of Pollutions in the Industrial Age, Cambridge/London 2020.

Jordheim, Helge: Stratigraphies of Time and History. Beyond the Outrages Upon Humanity's Self-Love, in: Ekström, Anders / Bergwik, Staffan (Hg.): Times of History, Times of Nature. Temporalization and the Limits of Modern Knowledge, New York / Oxford 2022, S. 19–44.

– Introduction. Multiple Times and the Work of Synchronization, in: History & Theory 53, 2014, Nr. 4, S. 498–518.

Jørgenson, Dolly: Recovering Lost Species in the Modern Age. Histories of Longing and Belonging, Cambridge/London 2019.

Kimmerer, Robin Wall: Das Sammeln von Moos. Eine Geschichte von Natur und Kultur, Berlin 2023.

– Braiding Sweetgrass. Indigenous Wisdom, Scientific Knowledge, and the Teaching of Plants, Minneapolis 2013.

Kinsky, Esther: Rombo, Berlin 2022.

Kinzley, Judd C.: Natural Resources and the New Frontier. Constructing Modern China's Borderlands, Chicago 2018.

Kirksey, Eben / Helmreich, Stefan: The Emergence of Multispecies Ethnography, in: Cultural Anthropology 25, 2010, Nr. 4, S. 545–576.

Kohn, Eduardo: How Forests Think. Toward an Anthropology Beyond the Human, Berkeley et al. 2013.

Kolbert, Elizabeth: Das 6. Sterben. Wie der Mensch Naturgeschichte schreibt, Berlin 2015.

Kompatscher, Gabriele et al.: Human-Animal Studies. Eine Einführung für Studierende und Lehrende, Münster/New York 2017.

Koselleck, Reinhart: Einleitung, in: Koselleck, Reinhart (Hg.): Zeitschichten. Studien zur Historik, Frankfurt a.M. 2000, S. 9–18.

– Raum und Geschichte, in: Koselleck, Reinhart (Hg.): Zeitschichten. Studien zur Historik, Frankfurt a.M. 2000, S. 78–96.

– Art. Geschichte, in: Brunner, Otto et al. (Hg.): Geschichtliche Grundbegriffe, Bd. 2, Stuttgart 1975, S. 593–717.

Köster, Roman: Hausmüll. Abfall und Gesellschaft in Westdeutschland 1945–1990, Göttingen 2009.
Krebber, André / Roscher, Mieke (Hg.): Animal Biography. Re-framing Animal Lives, Cham 2018.
Kreft, Heinrich: Die geopolitische Dimension der Ressourcensicherheit – eine wachsende Herausforderung für Deutschland und Europa, in: Sicherheit und Frieden 27, 2009, S. 225–231.
Kuchenbuch, David: Histories in and of the Anthropocene, in: Geschichte und Gesellschaft 46, 2020, Nr. 4, S. 736–749.
Kwan, Mei-Po: Beyond Difference. From Canonical Geography to Hybrid Geographies, in: Annals of the Association of American Geographers 94, 2004, Nr. 4, S. 756–763.
Lakoff, George / Johnson, Mark: Metaphors We Live By, Chicago 1980.
Landwehr, Achim: Diesseits der Geschichte Für eine andere Historiographie, Göttingen 2020.
– Die anwesende Abwesenheit der Vergangenheit. Essay zur Geschichtstheorie, Frankfurt a. M. 2016.
– Geburt der Gegenwart. Eine Geschichte der Zeit im 17. Jahrhundert, Frankfurt a. M. 2014.
Larsen, Rithma K. E.: The Nature of the Posthuman: Rosi Braidotti and the Resurrection of Ecofeminism, in: L'Homme. Europäische Zeitschrift für feministische Geschichtswissenschaft 34, 2023, Nr. 2, S. 139–146.
Latif, Mojib: Countdown. Unsere Zeit läuft ab – was wir der Klimakatastrophe noch entgegensetzen können, Freiburg et al. 2022.
Latour, Bruno: Kampf um Gaia. Acht Vorträge über das neue Klimaregime, Berlin 2020.
– Wir sind niemals modern gewesen. Versuch einer symmetrischen Anthropologie, Frankfurt a. M. 2008.

– Eine neue Soziologie für eine neue Gesellschaft. Einführung in die Akteur-Netzwerk-Theorie, Frankfurt a.M. 2007.
– The Berlin Key or How to Do Words with Things, in: Graves-Brown, Paul (Hg.): Matter, Materiality and Modern Culture, London 2000, S. 10–21.
Laube, Robert (Hg.): Hidden Costs. Ewigkeitslasten. Fotografien von J. Henry Fair, Essen 2018.
Laugrand, Frédéric / Oosten, Jarich: Hunters, Predators and Prey. Inuit Perception of Animals, New York 2015.
Lavelle, Peter B.: The Profits of Nature. Colonial Development and the Quest for Resources in Nineteenth-Century China, New York 2020.
LeCain, Timothy J.: The Matter of History. How Things Create the Past, Cambridge 2017.
– Against the Anthropocene. A Neo-Materialist Perspective, in: International Journal of History, Culture, and Modernity 3, 2015, S. 1–28.
Lenton, Tim: Earth System Science. A Very Short Introduction, Oxford 2016.
Lepenies, Wolf: Das Ende der Naturgeschichte. Wandel kultureller Selbstverständlichkeiten in den Wissenschaften des 18. und 19. Jahrhunderts, München 1976.
Leskanich, Alexandre: Retrospective Redundancy. The Anthropocene and the Crisis of Historical Comprehension, in: New Global Studies 15, 2021, Nr. 2–3, S. 181–192.
Levy, Sonia: For the Love of Corals. Life in the Ruins of the Museum, in: Latour, Bruno / Weibel, Peter (Hg.): Critical Zones. The Science and Politics of Landing on Earth, Cambridge, MA 2020, S. 32–35.
Lewis, Simon / Maslin, Mark: The Human Planet. How We Created the Anthropocene, Yale 2018.
– Defining the Anthropocene, in: Nature 519, 2015, S. 171–180. DOI: 10.1038/nature14258.

Lorenz, Chris: Konstruktion der Vergangenheit. Eine Einführung in die Geschichtstheorie, Köln et al. 1997.
– Probing the Limits of Metaphor. On the Stratigraphic Model in History and Geology, in: Simon, Zoltán B. / Deile, Lars (Hg.): Historical Understanding. Past, Present and Future, London et al. 2022, S. 203–216.
– Der letzte Fetisch des Stamms der Historiker. Zeit, Raum und Periodisierung in der Geschichtswissenschaft, in: Esposito, Fernando (Hg.): Zeitenwandel. Transformationen geschichtlicher Zeitlichkeit nach dem Boom, Göttingen 2017, S. 63–92.
Lorenz, Chris / Bevernage, Berber: Breaking Up Time. Negotiating the Borders between Past, Present and Future, Göttingen 2013.
Malm, Andreas: Der Fortschritt dieses Sturms. Natur und Gesellschaft in einer sich erwärmenden Welt, Berlin 2021.
Mann, Michael E.: Propagandaschlacht ums Klima. Wie wir die Anstifter klimapolitischer Untätigkeit besiegen, Erlangen 2021.
Marcus, George E.: Ethnography in/of the World System. The Emergence of Multi-Sited Ethnography, in: Annual Review of Anthropology 24, 1995, S. 95–117.
Marx, Christoph: »Völker ohne Schrift und Geschichte«. Zur historischen Erfassung des vorkolonialen Schwarzafrikas in der deutschen Forschung des 19. und frühen 20. Jahrhunderts, Stuttgart 1988.
Mauelshagen, Franz: Klimageschichte der Neuzeit, 1500–1900, Darmstadt 2010.
– »Anthropozän«. Plädoyer für eine Klimageschichte des 19. und 20. Jahrhunderts, in: Zeithistorische Forschungen / Studies in Contemporary History 9, 2012, Nr. 1, S. 131–137.
Mauldin, Erin Stewart: Environmental History, in: Bloomsbury History. Theory and Method Articles 2021, S. 1–28.

https://www.bloomsburyhistorytheorymethod.com/category-list?docid=bhtmarticles.

McGrath, Ann: Deep Histories in Time, or Crossing the Great Divide, in: McGrath, Ann / Jebb, Mary A. (Hg.): Long History, Deep Time. Deepening Histories of Place, Acton 2015, S. 1–32.

McGregor, Heather E. et al.: A »Wicked Problem«. Rethinking History Education in the Anthropocene, in: Rethinking History 2021, S. 483–507.

McNeill, John R.: Mosquito Empires. Ecology and War in the Greater Caribbean, 1620–1914, Cambridge 2010.

– Something New Under the Sun. An Environmental History of the Twentieth-Century World, New York / London 2000.

– Peak Document and the Future of History, in: American Historical Review 125, 2020, Nr. 1, S. 1–18.

– Energy, Population, and Environmental Change since 1750. Entering the Anthropocene, in: McNeill, John R. / Pomeranz, Kenneth (Hg.): The Cambridge World History. Production, Destruction and Connection, 1750 – Present. Part 1. Structures, Spaces, and Boundary Making, Cambridge 2015, S. 51–82.

– Biological Exchange in Global Environmental History, in: McNeill, John R. / Mauldin, Erin Stewart (Hg.): A Companion to Global Environmental History, West Sussex 2012, S. 433–451.

McNeill, John R. / Engelke, Peter: The Great Acceleration. An Environmental History of the Anthropocene since 1945, Cambridge/London 2014.

Mehr, Christian: Kultur- als Naturgeschichte. Opposition oder Komplementarität zur politischen Geschichtsschreibung 1850–1890?, Berlin 2009.

Meiske, Martin: Geburt des Geoengineerings. Großbau-

projekte in der Frühphase des Anthropozäns, Göttingen 2021.
Meister, Jan Christoph: Erzählen. Eine anthropologische Konstante?, in: Huber, Martin / Schmid, Wolf (Hg.): Grundthemen der Literaturwissenschaft. Erzählen, Berlin/Boston 2018, S. 88–112.
Mercer, Harriet: Archives in the Anthropocene, in: History Workshop, 14.11.2018. https://www.historyworkshop.org.uk/environment-animals/archives-of-the-anthropocene/
Merchant, Carolyn: Anthropocene and the Humanities. From Climate Change to a New Age of Sustainability, New Haven, CT 2020.
– Der Tod der Natur. Ökologie, Frauen und neuzeitliche Naturwissenschaft, München 2020.
Mink, Louis O.: Narrative Form as Cognitive Instrument, in: Canary, Robert H. / Kozicki, Henry (Hg.): The Writing of History. Literary Form and Historical Understanding. Madison 1978, S. 129–149.
Misrach, Richard / Orff, Kate: Petrochemical America, New York 2014.
Mistry, Jay: Indigenous Knowledges, in: International Encyclopedia of Human Geography 5, 2009, S. 371–376.
Mitman, Gregg et al. (Hg.): Future Remains. A Cabinet of Curiosities for the Anthropocene, Chicago/London 2018.
Moore, Abigail H. / Sandwell, R.W. (Hg.): In a New Light. Histories of Women and Energy, Montreal/Kingston 2021.
Moore, Jason W.: Kapitalismus im Lebensnetz. Ökologie und die Akkumulation des Kapitals, Berlin 2019.
Morgan, Ruth A.: Histories for the Uncertain Future. Environmental History and Climate Change, in: Australian Historical Studies 44, 2013, S. 350–360.
Morrison, Kathleen D.: Provincializing the Anthropocene. Eurocentrism in the Earth System, in: Cederlöf, Gun-

nel / Rangarajan, Mahesh (Hg.): Nature's Edge. The Global Present and Long-Term History, Oxford / New Delhi 2018, S. 1–18.
Müller, Martin / Schurr, Carolin: Assemblage Thinking and Actor-Network-Theory. Conjunctions, Disjunctions, Cross-Fertilisations, in: Transactions of the Institute of British Geographers 41, 2016, Nr. 3, S. 217–229.
Müller, Simone: The Toxic Ship. The Voyage of the Khian Sea and the Global Waste Trade, Washington 2023.
– Hidden Externalities. The Globalization of Hazardous Waste, in: Business History Review 93, 2019, Nr. 1, S. 51–74.
Nance, Susan: Animal History. The Final Frontier? in: The American Historian, November 2015, S. 29–34.
Nash, Linda: The Agency of Nature or the Nature of Agency?, in: Environmental History 10, 2005, S. 67–69.
Neu, Tim: ANT als geschichtswissenschaftlicher Ansatz, oder: Kurzreiseführer für eine flache Wirklichkeit voller Assoziationen, Handlungsträger und Textlabore, in: Füssel, Marian / Neu, Tim (Hg.): Akteur-Netzwerk-Theorie und Geschichtswissenschaft, Paderborn 2021, S. 27–72.
Nielsen, Ron W.: The Great Deceleration and Proposed Alternative Interpretation of the Anthropocene, in: Episodes. Journal of International Geoscience 44, 2021, Nr. 2, S. 107–114; und supplement, S. 1–8.
Nixon, Rob: Slow Violence and the Environmentalism of the Poor, Cambridge/London 2011.
Nordbald, Julia: On the Difference between Anthropocene and Climate Change Temporalities, in: Critical Inquiry 47, 2021, S. 328–348.
Nova, Nicolas / Disnovation.Org: A Bestiary of the Anthropocene. On Hybrid Minerals, Animals, Plants, Fungi, and Other Specimen, Waregem 2021.

O'Gorman, Emily: Wetlands in a Dry Land. More-Than-Human Histories of Australia's Murray-Darling Basin, Washington 2021.
O'Gorman, Emily / Gaynor, Andrea: More-Than-Human Histories, in: Environmental History 25, 2020, Nr. 4, S. 593–895.
Ogden, Laura A. et al.: Animals, Plants, People, and Things. A Review of Multispecies Ethnography, in: Environment & Society. Advances in Research 4, 2013, S. 5–24.
Okonta, Ike / Douglas, Oronto: Where Vultures Feast. Shell, Human Rights, And Oil, London / New York 2003.
Onaga, Lisa / Huenniger, Dominik: Focus. Magnifying Insect Histories, in: Isis 115, 2024, Nr. 1, S. 126–163.
Oreskes, Naomi / Conway, Erik M.: The Collapse of Western Civilization. A View from the Future, New York 2014.
– Merchants of Doubt. How a Handful of Scientists Obscured the Truth on Issues from Tobacco Smoke to Climate Change, London at al. 2011.
Orr, Yancey et al.: Environmental Anthropology. Systemic Perspectives, in: Annual Review of Anthropology 44, 2015, S. 153–168.
Osterhammel, Jürgen: Über die Periodisierung der neueren Geschichte, in: Berlin-Brandenburgische Akademie der Wissenschaften, Berichte und Abhandlungen, Bd. 10, Berlin 2006, S. 45–64.
Palmeri, Frank: How Should Historians Write About the Anthropocene – and Why is it Important?, in: History News Network, 14.8.2016. https://historynewsnetwork.org/article/163524.
Parham, John (Hg.): The Cambridge Companion to Literature and the Anthropocene, Cambridge 2021.
Pearse, Rebecca: Gender and Climate Change, in: WIRE 8, 2017, Nr. 2, S. 1–16.

Poskett, James: Neue Horizonte. Eine globale Geschichte der Wissenschaft, München 2022.

Powers, Richard: Die Wurzeln des Lebens, Frankfurt a.M. 2020.

Pries, Ludger: Verstehende Kooperation. Herausforderungen für Soziologie und Evolutionsforschung im Anthropozän, Frankfurt a.M. 2021.

Probst, Milo: Mit Klassenkämpfen ins Anthropozän. Naturverhältnisse im französischsprachigen Anarchismus, circa 1870–1914, in: Geschichte und Gesellschaft 46, 2020, Nr. 4, S. 606–633.

– Nichts ist verloren zu geben. Für eine symmetrische und ausgangsoffene Geschichte der Naturverhältnisse, in: Historische Anthropologie 28, 2020, Nr. 1, S. 78–94.

Pugliese, Joseph: Biopolitics of the More-Than-Human. Forensic Ecologies of Violence, Durham / London 2020.

Quenet, Grégory: The Anthropocene and the Time of the Historians, in: Annales. Histoire, Science Sociales – English Edition 72, 2017, Nr. 2, S. 165–197.

Radkau, Joachim: Die Geschichte der Zukunft. Prognosen, Visionen, Irrungen in Deutschland von 1945 bis heute, München 2017.

– Natur und Macht. Eine Weltgeschichte der Umwelt, München 2002.

Raffles, Hugh: Insektopädie, Berlin [3]2017.

Rahmstorf, Stefan: Klima und Wetter bei 3 Grad mehr. Eine Erde, wie wir sie nicht kennen (wollen), in: Wiegandt, Klaus (Hg.): 3 Grad mehr. Ein Blick in die drohende Heißzeit und wie uns die Natur helfen kann, sie zu verhindern, München 2022, S. 13–30.

Rappaport, Rhoda: When Geologists were Historians, 1665–1759, Ithaca, NY 1997.

Regazzoni, Lisa: Einleitende Gedanken. Was für die Geschichte übrig bleibt, in: Regazzoni, Lisa (Hg.): Schriftlose Vergangenheiten. Geschichtsschreibung an ihrer Grenze von der Frühen Neuzeit bis in die Gegenwart, Berlin/Boston 2019, S. IX–XXXV.

Reid, Julian: Constructing Human versus Non-Human Climate Migration in the Anthropocene. The Case of Migrating Polar Bears in Nunavut, Canada, in: Anthropocenes. Human – Inhuman – Posthuman 1, 2020, Nr. 1, S. 1–12.

Reid, Richard: Past and Presentism. The »Precolonial« and the Foreshortening of African History, in: The Journal of African History 52, 2011, Nr. 2, S. 135–155.

Renn, Jürgen: The Evolution of Knowledge. Rethinking Science for the Anthropocene, Oxford 2020.

– From History of Science to Geoanthropology, in: Isis 113, 2022, Nr. 2, S. 377–385.

Rijks Museum Amsterdam / Hond, Jan de et al. (Hg.): Crawly Creature. Little Animals in Art and Science, Amsterdam 2022.

Robin, Libby: Histories for Changing Times. Entering the Anthropocene?, in: Australian Historical Studies 44, 2013, Nr. 3, S. 329–340.

Robin, Libby et al. (Hg.): The Future of Nature. Documents of Global Change, New Haven, CT 2013.

Rohland, Eleonora: Entangled Histories and the Environment? Socio-Environmental Transformations in the Caribbean, 1492–1800, Trier / New Orleans 2021.

Roscher, Mieke: Human-Animal Studies, Version: 1.0, in: Docupedia-Zeitgeschichte, 25.1.2012. http://dx.doi.org/10.14765/zzf.dok.2.277.v1.

Ross, Corey: Ecology and Power in the Age of Empire. Europe and the Transformation of the Tropical World, Oxford 2017.

Rothblatt, Martine A.: Virtually Human. The Promise – and the Peril – of Digital Immortality, New York 2014.

– From Transgender to Transhuman. A Manifesto on the Freedom of Form, o.O. 2011.
– Apartheid of Sex. A Manifesto on the Freedom of Gender, Lewes 1995.
Röttgers, Kurt: Art. Rhizom, in: Günzel, Stephan (Hg.): Lexikon der Raumphilosophie, Darmstadt 2012, S. 344.
Ruddiman, William: The Anthropogenic Greenhouse Era Began Thousands of Years Ago, in: Climatic Change 61, 2003, S. 261–293.
Rudwick, Martin J.: Earth's Deep History. How It Was Discovered and Why It Matters, Chicago/London 2014.
– Bursting the Limits of Time. The Reconstruction of Geohistory in the Age of Revolution, Chicago/London 2005.
Russell, Edmund: Greyhound Nation. A Coevolutionary History of England, 1200–1900, Cambridge 2018.
Rutherford, Stephanie: A Resounding Success? Howling as a Source of Environmental History, in: Thorpe, Jocelyn et al. (Hg.): Methodological Challenges in Nature-Culture and Environmental History Research, London 2018, S. 43–54.
Saunders, Robert A.: Out of Time / in Place. Norwegianness, »Immigration«, and Spatial Belonging in Beforeigners, in: Cultural Geographies 2022, S. 1–18.
Scherer, Bernd: Der Angriff der Zeichen. Denkbilder und Handlungsmuster des Anthropozäns, Berlin 2022.
Schleier, Hans: Geschichte der Kulturgeschichtsschreibung, Bd. 1. Vom Ende des 18. bis zum Ende des 19. Jahrhunderts, Waltrop 2003.
Schmidt, Matthias / Zapf, Hubert (Hg.): Environmental Humanities. Beiträge zur geistes- und sozialwissenschaftlichen Umweltforschung, Göttingen 2021.
Seefried, Elke (Hg.): Politische Zukünfte im 20. Jahrhundert, München 2022.

– Zukünfte. Aufstieg und Krise der Zukunftsforschung 1945–1980, Berlin/Boston 2015.
Sepkoski, David: Catastrophic Thinking. Extinction and the Value of Diversity from Darwin to the Anthropocene, Chicago/London 2020.
Sheldrake, Merlin: Entangled Life. How Fungi Make Our Worlds, Change Our Minds and Shape Our Futures, New York 2020.
Shryock, Andrew / Smail, Daniel L. (Hg.): Deep History. The Architecture of Past and Present, Berkeley 2011.
Shurin, Jonathan B. et al.: Ecosystem Effects of the World's Largest Invasive Animal, in: Ecology 101, 2020, Nr. 5, S. 1–9.
Simon, Zoltán B.: History in Times of Unprecedented Change. A Theory for the 21st Century, London et al. 2019.
– Domesticating the Future Through History, in: Time & Society 30, 2021, Nr. 4, S. 494–516.
– The Role of History in an Anthropocenic Knowledge Regime, in: Public History Weekly 9, 2021.
Simon, Zoltán B. / Tamm, Marek: The Fabric of Historical Time (Cambridge Elements. Historical Theory and Practice), Cambridge 2023.
Simon, Zoltán B. / Thomas, Julia A.: Earth System Science, Anthropocene Historiography, and Three Forms of Human Agency, in: Isis 113, 2022, Nr. 2, S. 396–406.
Simon, Zoltán B. et al.: Anthropogenic Historical Knowledge. Promises and Pitfalls, in: Rethinking History 25, 2021, S. 406–439.
Sippl, Carmen et al. (Hg.): Das Anthropozän lernen und lehren, Innsbruck/Wien 2020.
Sivasundaram, Sujit: Imperial Transgressions. The Animal and Human in the Idea of Race, in: Comparative Studies of South Asia, Africa and the Middle East 35, 2015, Nr. 1, S. 156–172.

Sörlin, Sverker: Environmental Times. Synchronizing Human-Earth Temporalities from Annales to Anthropocene, 1920s-2020s, in: Ekström, Anders / Bergwik, Staffan (Hg.): Times of History, Times of Nature. Temporalization and the Limits of Modern Knowledge, New York / Oxford 2022, S. 64–104.

– Do Glaciers Speak? The Political Aesthetics of Vo/Ice, in: Thorpe, Jocelyn et al. (Hg.): Methodological Challenges in Nature-Culture and Environmental History Research, London 2013, S. 13–30.

– The Contemporaneity of Environmental History. Negotiating Scholarship, Useful History, and the New Human Condition, in: Journal of Contemporary History 46, 2011, Nr. 3, S. 610–630.

Steffen, Will et al.: Trajectories of the Earth System in the Anthropocene, in: PNAS 115, 2018, Nr. 33, S. 8252–8259.

– The Trajectory of the Anthropocene. The Great Acceleration, in: The Anthropocene Review 2, 2015, Nr. 1. S. 81–98.

Steiniger, Benjamin: Raffinerie und Katalyse, in: Renn, Jürgen / Scherer, Bernd (Hg.): Das Anthropozän. Zum Stand der Dinge, Berlin 2015, S. 210–225.

Steinmetz, Willibald / Freeden, Michael: Conceptual History. Challenges, Conundrums, Complexities, in: Steinmetz, Willibald et al. (Hg.): Conceptual History in the European Space, New York / Oxford 2017, S. 1–46.

Stephens, Rhiannon: »Wealth«, »Poverty« and the Question of Conceptual History in Oral Contexts. Uganda from c. 1000 BC, in: Fleisch, Axel / Stephens, Rhiannon (Hg.): Doing Conceptual History in Africa, New York 2016, S. 21–48.

Strathern, Marilyn: Relations. An Anthropological Account, Durham/London 2020.

– Relations, in: Felix Stein (Hg.): The Open Encyclopedia of Anthropology, Online 2018. https://www.anthroencyclopedia.com/entry/relations.
Stucki, Saskia: Menschenrechte für Tiere. Von der theoretischen Begründung zur praktischen Verrechtlichung, in: Hilgendorf, Eric / Zabel, Benno (Hg.): Die Idee subjektiver Rechte, Berlin/Boston 2021, S. 319–336.
Swart, Sandra: At the Edge of the Anthropocene. Crossing Borders in Southern African Environmental History, in: South African Historical Journal 73, 2021, S. 1–10.
– »The World the Horses Made«. A South African Case Study of Writing Animals into Social History, in: International Review of Social History 55, 2010, Nr. 2, S. 241–263.
Sweet, James H.: Is History History? Identity Politics and Teleologies of the Present, in: Perspectives on History, 17.8.2022. https://www.historians.org/research-and-publications/perspectives-on-history/september-2022/is-history-history-identity-politics-and-teleologies-of-the-present.
Szerszynski, Bronislaw: The Anthropocene Monument. On Relating Geological and Human Time, in: European Journal of Social Theory 20, 2017, Nr. 1, S. 111–131.
Tamm, Marek: Future-oriented History, in: Simon, Zoltán B. / Deile, Lars (Hg.): Historical Understanding. Past, Present and Future, London et al. 2022, S. 131–140.
Tamm, Marek / Simon, Zoltán B.: More-Than-Human History. Philosophy of History at the Time of the Anthropocene, in: Kuukkanen, Jouni-Matti (Hg.): Philosophy of History. Twenty-First-Century Perspectives, London et al. 2021, S. 198–215.
Tamm, Marek / Olivier, Laurent: Introduction. Rethinking Historical Time, in: Tamm, Marek / Olivier, Laurent

(Hg.): Rethinking Historical Time. New Approaches to Presentism, London et al. 2019, S. 1–22.
Taylor, Edward B.: Primitive Culture. Researches into the Development of Mythology, Philosophy, Religion, Art, and Custom, 2 vols., London 1871.
Thießen, Malte: Auf Abstand. Eine Gesellschaftsgeschichte der Coronapandemie, Frankfurt a.M. 2021.
Thomas, Julia Adeney: Introduction. The Growing Anthropocene Consensus, in: Thomas, Julia Adeney (Hg.): Altered Earth. Getting the Anthropocene Right, Cambridge 2022, S. 1–18.
– The Anthropocene Earth System and Three Human Stories, in: RCC Perspectives 3, 2020, S. 41–68.
– Why the »Anthropocene« Is Not »Climate Change« and Why It Matters, in: AsiaGlobal Online. 10, Januar 2019.
Thomas, Julia Adeney et al.: The Anthropocene. A Multidisciplinary Approach, Cambridge/Metford 2020.
Todd, Zoe: An Indigenous Feminist's Take on the Ontological Turn: »Ontology« Is Just Another Word For Colonialism, in: Journal for Historical Sociology 29, 2016, S. 4–22.
Torrens, Hugh: Presidential Address. Mary Anning (1799–1847) of Lyme; ›the Greatest Fossilist the World Ever Knew‹, in: The British Journal for the History of Science 28, 1995, Nr. 3, S. 257–284.
Trentmann, Frank: Empire of Things. How We Became a World of Consumers, from the Fifteenth Century to the Twenty-First, New York 2016.
Trouillot, Michel-Rolph: Silencing the Past. Power and the Production of History, Boston 1995.
Tschudi, Johann Jakob von: Die Huanulager an der peruanischen Küste, in: Denkschriften der Kaiserlichen Akademie der Wissenschaften. Mathematisch-Naturwissen-

schaftliche Klasse, Erste Abtheilung. Abhandlungen von Mitgliedern der Akademie. 2/1, Wien 1851, S. 1–20.

Tsing, Anna L.: Der Pilz am Ende der Welt. Über das Leben in den Ruinen des Kapitalismus, Berlin 2018.

– Unruly Edges. Mushrooms as Companion Species, in: Environmental Humanities 1, 2012, S. 141–154.

Tsing, Anna L. et al.: Feral Atlas, Stanford University 2021. https://feralatlas.org.

– Patchy Anthropocene. Landscape Structure, Multispecies History, and the Retooling of Anthropology, in: Current Anthropology 60, 2019, Nr. 20, S. 186–197.

Turner, Frederick Jackson: The Significance of the Frontier in American History, in: Annual Report of the American Historical Association 1893, S. 197–227.

Uekötter, Frank: The Vortex. An Environmental History of the Modern World, Pittsburgh 2023.

– Im Strudel. Eine Umweltgeschichte der modernen Welt, Bonn 2021.

– Wie das Anthropozän in die Welt kam. Zur Ökologie der Modewörter, in: politische ökologie 167, 2021, S. 18–23.

– It's the Entanglements, Stupid, in: Journal for the History of Environment and Society 5, 2020, 103–111.

– Thinking Big. The Broad Outlines of a Burgeoning Field, in: Uekötter, Frank (Hg.): The Turning Points of Environmental History, Pittsburgh 2010, S. 1–12.

UN-Generalversammlung: Erklärung der Vereinten Nationen über die Rechte der indigenen Völker 13. September 2007.

Vaughn, Sarah et al.: Intersectional Ecologies. Reimagining Anthropology and Environment, in: Annual Review of Anthropology 50, 2021, S. 275–290.

Voland, Eckart / Weise, Thomas: Naturrezeption, Naturschutz, Nachhaltigkeit. Was lehren uns indigene Völker?, in: Matreier Gespräche – Schriftenreihe der Forschungsgemeinschaft, Wilhelminenberg 2003, S. 237–250.

Völkel, Markus: Geschichtsschreibung. Eine Einführung in globaler Perspektive, Wien 2006.

Walker, Brett L.: Animals and the Intimacy of History, in: Isenberg, Andrew C. (Hg.): The Oxford Handbook of Environmental History, Oxford / New York 2014, S. 52–75.

Wallace, John H.: The Horse of America, in His Derivation, History, and Development, New York 1897.

Warde, Paul et al.: The Environment. A History of the Idea, Baltimore 2018.

Wenzlhuemer, Roland: Connections in Global History, in: Comparativ 29, 2019, S. 106–121.

Westermann, Andrea / Höhler, Sabine: Writing History in the Anthropocene. Scaling, Accountability, and Accumulation, in: Geschichte und Gesellschaft 46, 2020, Nr. 4, S. 579–605.

Whatmore, Sarah: Hybrid Geographies. Natures, Cultures, and Space, London 2002.

White, Richard: The Organic Machine. The Remaking of the Columbia River, New York 1995.

White, Sam et al. (Hg.): The Palgrave Handbook of Climate History, London 2018.

Wickberg, Adam: Reconfiguring Temporality in the Anthropocene. Coloniality and the Political Eco-Crisis, in: Resilience. A Journal of the Environmental Humanities 8, 2000, S. 37–59.

Will, Fabienne: Evidenz für das Anthropocene. Wissensbildung und Aushandlungsprozesse an der Schnittstelle von Natur-, Geistes- und Sozialwissenschaften, Göttingen 2021.

Winkle, Stefan: Geißeln der Menschheit. Kulturgeschichte der Seuchen, Düsseldorf 2005.

Witze, Alexandra: Geologists Reject the Anthropocene as Earth's New Epoch – After 15 Years of Debate, in: Nature, 6.3.2024. https://www.nature.com/articles/d41586-024-00675-8.

Woolf, Daniel: A Global History of History, Cambridge 2011.

Wormbs, Nina: Model Time and Target Years. On the End of Time in IPCC Futures, in: Ekström, Anders / Bergwik, Staffan (Hg.): Times of History, Times of Nature. Temporalization and the Limits of Modern Knowledge, New York / Oxford 2022, S. 284–307.

Worster, David: History as Natural History. An Essay on Theory and Method, in: Pacific Historical Review 53, 1984, S. 1–19.

Wynn, Graeme: On the Edge of … the Rabbit Hole?, in: South African Historical Journal 1, 2021, S. 11–24.

Zalasiewicz, Jan: The Earth After Us. What Legacy Will Humans Leave in the Rocks? Oxford 2008.

– Old and New Patterns of the Anthropocene, in: RCC Perspectives 3, 2020, S. 11–40.

Zalasiewicz, Jan et al. (Hg.): The Anthropocene as a Unit of Time. A Guide to the Scientific Evidence and Current Debate, Cambridge 2019.

Zalasiewicz, Jan / Williams, Mark: The Goldilocks Planet. The Four Billion Year Story of the Earth's Climate, Oxford 2012.

Zelinger, Amir: Menschen und Haustiere im Deutschen Kaiserreich. Eine Beziehungsgeschichte, Bielefeld 2018.

Zimmerer, Karl S.: Changing Fortunes. Biodiversity and Peasant Livelihood in the Peruvian Andes, Berkeley et al. 1996.

Presse und Internet

Green, Emma: The Right Side of History. How Should Historians Respond to the Urgency of this Current Political Moment?, in: The New Yorker, 7.3.2023. https://www.newyorker.com/news/annals-of-education/the-right-side-of-history.

Guterres, Antonio: Tweet vom 1.3.2022. https://twitter.com/antonioguterres/status/1498445410272100355?t=onTtbJ65JzipU1LTY2qg5w&s=09.

Guzmán, Vilma: Verfassungsgericht in Ecuador. Bergbau im Nebelwald verstößt gegen die Rechte der Natur, in: amerika21,9.12.2021. https://amerika21.de/2021/12/255888/ecuador-verfassungsgericht-rechte-natur.

Janisch, Wolfgang: Wenn ein Fluss vor Gericht gewinnt, in: Süddeutsche Zeitung, 23.10.2021. https://www.sueddeutsche.de/politik/natur-rechte-justiz-1.5446828?reduced=true.

Käufer, Tobias: Kolumbien will Nilpferde dezimieren: Pablo Escobars dickes Erbe, in: Tagesspiegel, 20.1.2021. https://www.tagesspiegel.de/gesellschaft/panorama/kolumbien-will-nilpferde-dezimieren-pablo-escobars-dickes-erbe/26836596.html.

Kuebler, Martin: Steigender Meeresspiegel. Neue Heimat gesucht, in: DW, 4.7.2022. https://www.dw.com/de/geplanter-r%C3%BCckzug-umsiedelung-klimawandel-steigender-meeresspiegel-kiribati-usa-niederlande/a-61880516.

Moore, Jason W.: Name the System! Anthropocenes and the Capitalocene Alternative, in: Wordpress, 9.10.2016. https://jasonwmoore.wordpress.com/tag/capitalist-world-ecology/.

Müller-Jung, Joachim: Hat die Erde den »sicheren« Klimazustand schon verlassen?, in: FAZ, 8.9.2022. https://

www.faz.net/aktuell/wissen/klimawandel-1-5-grad-ziel-kann-den-kollaps-wohl-nicht-verhindern-18302840.html.

Münchener Rück: Klimawandel und La Niña treiben Schäden. Naturkatastrophen-Bilanz 2022, 10.1.2023. https://www.munichre.com/de/unternehmen/media-relations/medieninformationen-und-unternehmensnachrichten/medieninformationen/2023/naturkatastrophen-bilanz-2022.html.

Robine, Jean-Marie et al.: Report on Excess Mortality in Europe during Summer 2003. EU Community Action Programme for Public Health, Grant Agreement 2005114, 28.2.2007. https://ec.europa.eu/health/ph_projects/2005/action1/docs/action1_2005_a2_15_en.pdf.

Schnell, Christian: Unwetterschäden steigen stärker als das BIP – Versicherer fürchten Milliardenkosten durch Klimawandel, in: Handelsblatt, 10.1.2022. https://www.handelsblatt.com/unternehmen/mittelstand/familienunternehmer/munich-re-unwetterschaeden-steigen-staerker-als-das-bip-versicherer-fuerchten-milliardenkosten-durch-klimawandel/27944644.html.

Steffen, Will et al.: A Warning on Climate and the Risk of Societal Collapse, in: The Guardian, 6.12.2020. https://www.theguardian.com/environment/2020/dec/06/a-warning-on-climate-and-the-risk-of-societal-collapse.

Prozess um Affen-Selfie. Makake Naruto hat kein Recht am eigenen Bild, in: Süddeutsche Zeitung, 24.4.2018. https://www.sueddeutsche.de/panorama/prozess-um-affen-selfie-makake-naruto-hat-kein-recht-am-eigenen-bild-1.3956896.

Taroni, Micaela: Krieg um Trüffel in Italien – vergiftete Hunde als Opfer, in: Berliner Morgenpost, 15.1.2023. https://www.morgenpost.de/vermischtes/article237354533/italien-essen-trueffel-preise-hunde-gastronomie.html.

Walsh, Alistair: What to Expect from the World's Sixth Mass Extinction, in: DW, 11.2.2022. https://www.dw.com/en/what-to-expect-from-the-worlds-sixth-mass-extinction/a-60360245.

Wikipedia: United Therapeutics. https://en.wikipedia.org/wiki/United_Therapeutics.

Abbildungsverzeichnis

Abb. 1: Eko Atlantic City, Lagos, Nigeria © shutterstock Nr. 1931522750.

Abb. 2: Great Acceleration Graphs, aus: Will Steffen et al.: The Trajectory of the Anthropocene: The Great Acceleration, in: The Anthropocene Review 2, 2015, Nr. 1, S. 81–98, Figure 1.

Abb. 3: Great Acceleration Graphs, aus: Will Steffen et al.: The Trajectory of the Anthropocene: The Great Acceleration, in: The Anthropocene Review 2, 2015, Nr. 1, S. 81–98, Figure 3.

Abb. 4: International Chronostratigraphic Chart, aus: Cohen, K.M., Finney, S.C., Gibbard, P.L. & Fan, J.-X. (2013; updated): The ICS International Chronostratigraphic Chart. Episodes 36: 199–204. https://stratigraphy.org/ICSchart/ChronostratChart2023-09.pdf.

Abb. 5: Defining the Anthropocene, aus: Lewis, Simon / Maslin, Mark: Defining the Anthropocene, in: Nature 519, 2015, S. 171–180, S. 171. DOI: 10.1038/nature14258. https://www.researchgate.net/publication/273467448_Defining_the_Anthropocene/link/550f142e0cf2752610a00a62/download?_tp=eyJjb250ZXh0Ijp7ImZpcnN0UGFnZSI6InB1YmxpY2F0aW9uIiwicGFnZSI6InB1YmxpY2F0aW9uIn19.

Abb. 6: E-Waste, Taizhou, China © Stuart Isett 2005.